지켜야 할 마음이 있습니다

지켜야 할 마음이 있습니다

김지수 시 에세이

느린
서재

프롤로그
내가 겪은 시가 나를 구원한다

1

나에게 시를 알려준 스승들이 있다. 첫 스승은 노을이었다. 저물녘 붉게 물드는 서쪽 하늘과 교회 종소리는 나에게 '사무침'과 '미어짐'을 가르쳤다. 두고 온 고향이 있다는 사실과 언제 그곳으로 돌아갈지 모른다는 아득한 기분을.

열 살도 되기 전에 멜랑꼴리의 방문을 받은 나는 바람과 눈보라, 겨울 들판과 추위가 드나드는 깊은 '구멍'을 갖게 되었고, 그 구멍으로부터 많은 것을 공급받았다.

바람 구멍을 통해 들어온 가장 밝고 귀한 것이 시였다. 시시때때로 곶감 빼먹듯 그 구멍 속에서 잘 익은 달콤하고 쿰쿰한 시를 빼먹었다.

> 별 하나에 추억과
> 별 하나에 사랑과
> 별 하나에 쓸쓸함과
> 별 하나에 동경과
> 별 하나에 시와
> 별 하나에 어머니, 어머니

— 윤동주, 〈별 헤는 밤〉 中

> 밤이 깊을수록
> 별은 밝음 속에 사라지고
> 나는 어둠 속으로 사라진다

> 이렇게 정다운
> 너 하나 나 하나는
> 어디서 무엇이 되어
> 다시 만나랴

— 김광섭, 〈저녁에〉 中

나에게 시를 알려준 두 번째 스승은 별이었다. 어느 날 하늘을 올려다 보니, 광채를 내며 시가 굴러다니고 있었다. 노을이 내게 사위어 가는 필멸의 시간과 삶의 유한함을 가르쳤다면, 별은 어둠의 호위를 받으며 고립되지 않는 높은 정신을 가르쳤다. 자라는 내내 시는 노을로 별로, 얼굴을 바꿔서 나를 어르고 달랬다. 어른이 되기 위해서 꼭 필요한 것들도 알려주었다. 함부로 하지 않는 마음, 슬픔에 대한 자신감, 그리고 어쩌면 이후 가장 독보적인 나의 직업 능력으로 자리잡게 될… 수만 가지 미묘한 사안을 대하는 유보와 주저의 제스처들을.

2

시의 특별한 사랑을 받았지만, 직업 시인이 되지는 못했다. 생의 최전선에서 전투적인 리듬으로 노래할 배짱이 없었기에, 후방에서 타인의 언어를 척후하는 기자가 되었다. 시인의 언어와 기자의 언어는 부드러운 빵과 부서진 총의 텍스처만큼이나 거리가 있었다. 하지만 한때 현명한 시를 스승으로 두었던 덕에, 팩트와 서정의 경계 지대에서 서성이는 무해한 기자로 생존할 수 있었다.

평범한 단어도 '시어'로 호명하면 살갗 위를 데구르르 구르듯, 찾아간 현장이나 만나는 사람에게 그날의 빛과 노을, 별과 바람의 기운을 불어넣으려고 했다. 신기하게도 그럴 때마다 사람들은 다시 태어났다. 내 앞에서 말하는 이는 모두 일상에 매몰된 아름다움과 명철을 드러내는 시인이었다. 인터뷰이들은 급소를 찔린 것처럼 반색하며, 듣도 보도 못한 우아한 목소리로 노래하곤 했다.

3

어느 여름에 만났던 특수청소부 김완도 시가 '되어가는' 중이었다. 《죽은 자의 집청소》라는 책을 쓴 그를 인터뷰하러 출판사 앞마당에 도착하니 건장한 근육에 찌르는 듯한 눈빛을 지닌 사내가 초록 나무 아래 서 있었다. 한눈에 봐도 '미남'이었다. 손에는 내가 쓴 에세이 《괜찮아, 내가 시 읽어 줄게》가 들려 있었다. 신발을 벗으며 그가 웃었다.

"기자님이 쓰신 책에서 읽었어요.
이성복 시인이 그랬다죠. '시 쓰는 건 타인을 위해
신발을 바깥쪽으로 돌려놓는 행위'라고요."

도시엔 역병이 돌고 있지만, 공기는 더없이 깨끗했고 북촌 언덕에서 부는 바람에 이마가 시원했다. 우리는 오랫동안 시 이야기를 나눴다. 그래서였을까. 이후 그가 쏟아낸 '하드고어(Hardgore)'한 단어들, 이를테면 쓰레기와 핏자국, 외로움과 유품, 구더기, 똥 같은 단어들이 단정한 시어처럼 들렸다.

내가 만난 위대한 시인들도 형태적으로 시를 '쓰는 사람'이었지만, 사실은 '되어가는 것'에 가까웠다. 젊은 날부터 흠모했던 이성복 시인은 개가 생리하는 것만 봐도 마음이 아프다고 했다. 《남해 금산》《그 여름의 끝》《아, 입이 없는 것들》… 그의 시어가 가리키는 진실만큼, 그는 삶이라는 병명을 자각하며 '아름답게 병든 채로' 살았다.

어느 겨울, 경복궁역 밥집에서 만났을 때, 그는 내게 선재(善齋)라는 호를 지어주었다. 사람을 품는 착한 집이 되라는 덕담과 함께.

나태주 시인도 시가 '되어가는 중'이었다. 아니, 그는 지금도 전국방방곡곡으로 그를 부르는 곳마다 시가 되어 굴러다니는 중이다. 〈풀꽃〉으로 국민 시인이 되었지만, 유명해질수록 돌멩이처럼 굴러다녔다.

벚꽃이 흩날리던 어느 날, 나태주 시인과 함께 이어령 선생이 살았던 평창동 영인문학관 주변을 배회한 적이 있다. 나태주 시인은 이어령 선생의 무수한 역작보다, 그가 죽기 사흘 전 구술한 유작 시집 《헌팅턴비치에 가면 네가 있을까》의 세 줄짜리 서문을 가장 사랑한다고 했다.

네가 간 길을 지금 내가 간다.
그곳은 아마도 너도 나도 모르는 영혼의 길일 것이다.
그것은 하나님의 것이지 우리 것이 아니다.

언어의 거인 이어령 선생조차 죽음 앞에서 그렇게 세 줄의 '완전한 시'가 되었다.

4

그동안 내가 배워야 할 거의 모든 '삶의 기술'은 시에서 배웠다. 시에게 배운 일관된 진실은 누구나 '지켜야 할 마음이 있다'는 것이다. 비참한 가운데 명랑한 마음, 서툴면서도 어엿한 마음, 타오르고 재만 남은 마음, 울면서 걷던 마음, 두 손 모아 기도하는 마음, 어쩌자고 어쩌지도 못하는 마음… 그 파란만장한 마음의 정경을 우리는 가만히 바라보고 지켜주어야 한다.

여기에 살면서 나를 구원해준 시, 원형질의 마음을 간직한 시 63편을 모았다. 나태주 시인의 〈사는 일〉부터 한강의 〈어두워지기 전에〉까지, 이성복의 〈남해 금산〉부터 최승자의 〈귀여운 아버지〉까지. 시를 향한 짝사랑으로 낸 첫 시 에세이 《시, 나의 가장 가난한 사치》는 2017년 《괜찮아, 내가 시 읽어줄게》로 전면 개정을 거쳤다. 2024년 겨울부터 이듬해 봄까지 이를 다시 다듬고 새로운 시 10편을 더해 《지켜야 할 마음이 있습니다》로 최종본을 써냈다.

시는 읽을 때마다 새로웠다. 묵은 마음도 새 마음도 다 받아주어서 슬픔도 기쁨도 더 많은 레이어를 만들어냈다. 자부할 수 있는 것은, 당신이 그동안 시를 잘 모른다고, 모르겠다고 내외했어도, 시는 당신을 잊은 적 없다는 사실이다. 시가 당신을 사랑하기에, 이 사랑의 주도권은 당신에게 있다. 그러니 내가 그러했듯이, 당신도 여기 모인 이 시들을 당신 마음 가는 대로 휘젓고 사랑하기를. 사용하기를, 바란다.

2025년 3월. 김지수

"누구나
지켜야 할
마음이 있다."

차례

프롤로그　5　　내가 겪은 시가 나를 구원한다

1부　울면서 걷는 마음

〈사는 일〉 나태주　20　　울면서 걸었다
〈속리산에서〉 나희덕　26　　인생은 가척이 아니라 살아가는 것
〈야간 산행〉 오세영　30　　시시포스의 운명
〈생활에게〉 이병률　34　　일의 기쁨과 슬픔
〈동사무소에 가자〉 이장욱　40　　동사무소만이 알고 있다
〈삶은 달걀〉 백우선　44　　새가 먼저인지 알이 먼저인지…
〈밥을 주세요〉 김지녀　46　　정답이 없는 시
〈지하인간〉 장정일　50　　반지하 인간
〈겨울산〉 황지우　54　　나도 견디고 있다

2부 번지는 마음

〈밤〉 박시하	60	슬픔과 침묵
〈어둠이 아직〉 나희덕	62	이토록 충만한 어둠
〈초산〉 장석주	66	울음이 온몸으로 밀려들어온 후에
〈무릎으로 남은〉 유병록	70	어찌하여 이번 생에
〈사과 없어요〉 김이듬	74	소심하면 어때
〈밥〉 천양희	78	'혼자'라는 시대
〈탕자의 기도〉 손택수	82	나는 떠돌이
〈껌〉 김기택	84	내 안의 파시스트
〈아프리카의 어느 어린이가〉	88	너는 어느 색이냐고 묻는 말들에 관하여
〈형용사로 굴러가는 기차〉 박연준	92	그립다 말을 할까 하니, 그리워
〈수묵 정원 9 – 번짐〉 장석남	96	번짐의 기적

3부   슬픔을 공부하는 마음

〈어두워지기 전에〉한강 102 한강의 눈꺼풀
〈슬픔이 없는 십오 초〉심보선 106 키리코의 그림과 함께한 십오 초
〈길을 잃다〉이병승 110 발자국이 찍히길
〈슬픔은 자랑이 될 수 있다〉박준 114 슬픔은 자랑
〈교조〉송경동 118 답답함과 굳은 마음 사이
〈오래된 기도〉이문재 122 눈을 감거나 천천히
〈화〉도종환 126 화가 난 내 앞에서
〈질투는 나의 힘〉기형도 130 질투의 열정
〈침대를 타고 달렸어〉신현림 134 돌침대와 라텍스
〈내 자아가 머무는 곳〉박서원 138 밧줄이 필요해
〈어쩌자고〉진은영 142 어찌할 수 없고, 어찌할 바를 몰라도

4부 늠름한 마음

〈외딴섬〉 홍영철	146	지금 이대로
〈빈 집〉 기형도	150	아무도 기다리지 않았다
〈전화〉 마종기	154	어디선가 나를 찾는 전화벨이 울리고
〈포개어진 의자〉 김소연	158	서성이는 의자
〈독거〉 안현미	162	감사한 일요일
〈권오준씨〉 정영	166	누구나, 아무나
〈너에게〉 최승자	170	궁금하고 절박한
〈젖이라는 이름의 좆〉 김민정	174	맨몸으로 맞서는 시
〈이우성〉 이우성	178	잘생긴 마음
〈나는 고양이로 태어나리라〉 황인숙	182	고양이의 본능을 품고

5부   사랑에 답하는 마음

〈남해 금산〉 이성복   190   헤어질 결심
〈다음 생에 할 일들〉 안주철   196   이번 생에는 피식
〈국수〉 이재무   200   희망의 국수
〈오직 한 사람〉 황화자   204   서울 남편 장춘 남편
〈남편〉 문정희   208   위대한 동맹
〈추억의 다림질〉 정끝별   212   다리미의 눈물
〈물을 만드는 여자〉 문정희   216   오줌에 대하여
〈둥굶은〉 허은실   220   둥글게 굴러가기 위해
〈내 늙은 아내〉 서정주   224   시처럼 살다
〈헤어지는 연습을 하며〉 조병화   226   잘 떠나는 연습

6부　고결한 마음

〈폐허 이후〉 도종환　234　머리에 쌓인 재를 털고 나아가는 시간
〈버들가지들이 얼어 은빛으로〉 최하림　238　시간을 바라보는 일
〈종점〉 이우걸　242　다정한 그 어깨는 어디로 갔을까?
〈뒷골목 풍경〉 이동순　246　그리운 소음
〈눈〉 윤동주　248　하얗고 시려운 마음을 생각하며
〈내 기분〉 강달막 할머니　250　놀라운 기분
〈무서운 손자〉 강춘자 할머니　252　가장 무서운 시간
〈늙은 여자〉 최정례　256　몇 겹의 여자
〈웃지 마세요 당신,〉 이규리　260　대답할 수 없는 물음
〈엄마가 들어 있다〉 이수익　264　살과 살의 추억
〈귀여운 아버지〉 최승자　266　세상의 모든 아버지에게
〈바람 속에 답이 있다〉 밥 딜런　270　바람만이, 노래만이

에필로그　275　기다림의 시간 뒤에 서 있는
추천사　277　조용하게 아름다운 노래를 불러주는 것
인용 시집　280

1부 울면서 걷는 마음

사는 일

나태주

1
오늘도 하루 잘 살았다
굽은 길은 굽게 가고
곧은 길은 곧게 가고

막판에는 나를 싣고
가기로 되어 있는 차가
제 시간보다 일찍 떠나는 바람에
걷지 않아도 좋은 길을 두어 시간
땀 흘리며 걷기도 했다

그러나 그것도 나쁘지 아니했다
걷지 않아도 좋은 길을 걸었으므로
만나지 못했을 뻔했던 싱그러운
바람도 만나고 수풀 사이
빨갛게 익은 멍석딸기도 만나고
해 저문 개울가 고기비늘 찍으러 온 물총새
물총새, 쪽빛 날갯짓도 보았으므로

이제 날 저물려 한다
길바닥을 떠돌던 바람은 잠잠해지고
새들도 머리를 숲으로 돌렸다
오늘도 하루 나는 이렇게
잘 살았다.

2
세상에 나를 던져보기로 한다
한 시간이나 두 시간

퇴근 버스를 놓친 날 아예
다음 차 기다리는 일을 포기해버리고
길바닥에 나를 놓아버리기로 한다

누가 나를 주워가 줄 것인가?
만약 주워가 준다면 얼마나 내가
나의 길을 줄였을 때
주워가 줄 것인가?

한 시간이나 두 시간
시험 삼아 세상 한복판에
나를 던져보기로 한다

나는 달리는 차들이 비껴가는
길바닥의 작은 돌맹이.

울면서 걸었다

어느 비 오는 봄, 나무 냄새 물씬 풍기는 공주의 풀꽃 문학관에서 물웅덩이를 피해 폴짝폴짝 걸어오는 나태주 선생을 처음 만났습니다. 그 뒤로 봄 한철을 나태주 시인과 함께 보냈습니다. 매주 월요일 공주행 기차를 타고 선생을 찾아가 만나서 밥도 먹고 시도 읊고 공주와 논산, 장항과 서천의 강과 바다, 논길과 산길을 따라 기행을 했습니다.
〈사는 일〉이라는 시는 나태주 선생의 아버지가 계셨던 고향 마을 서천을 향해 가던 길에 들었던 시입니다. 선생이 말했습니다.

> "여기는 공주에서 논산 학교로 가는 길이에요. 이 끝에 내가 마지막 교감 생활을 했던 학교가 있어요. 이 길을 두 시간씩 걸어 다니며 〈사는 일〉이라는 시를 썼어요."

목구멍에 이끼가 낀 듯 소리가 눅눅했습니다.

> "오십네 살쯤. 이 길을 나는 울면서 걸어 다녔어요."

'오십네 살에도 울면서 길을 걷다니!' 저는 놀라서 말문이 막혔습니다. 아직도 울면서 걸을 길들이 남았다는 사실에. 차라리 투항하는 마음이 되었습니다.
그때 나태주 선생이 노래하듯 읊은 시가 〈사는 일〉입니다.

오늘도 하루 잘 살았다
굽은 길은 굽게 가고
곧은 길은 곧게 가고
(중략)
이제 날 저물려 한다.
길바닥을 떠돌던 바람도 잠잠해졌고
새들도 머리를 숲으로 돌렸다
오늘도 하루 나는 이렇게
잘 살았다.

"저쪽 마을에서부터 여기까지 저 너머 큰 길까지 두 시간 걸어가면서. 타박 타박 타박… 그때… 나는 오십 중반에 완전히 망한 사람이었습니다. 거드름 피우며 행세했던 장학사를 그만두고 초등학교 교감으로 내려왔고, 서울에서도 완전히 잊힌 시인이었어요. 망했다는 걸 인정하고 울면서 길을 걸었어요. 울면서 걸으며 시도 쓰고 풀꽃 그림도 그렸습니다. 그 길이 없었으면 나는 끝이었을 거예요. 울면서 걸으면서 나는 달라졌어요. 울면서 〈사는 일〉이라는 시를 써서 지금의 내가 있어요."

선생은 자신을 휴짓조각이나 돌멩이처럼 길 위에 던져 놓았다고 했습니다. 나태주 선생과 길 위에서 주거니 받거니 읊은 수많은 시가 있지만, 이 시 〈사는 일〉이 가장 기억납니다.

'오늘도 하루 잘 살았다. 굽은 길은 급게 가고, 곧은 길은 곧게 가고… 걷지 않아도 좋을 길을 두어 시간 땀 흘려 걷기도 했다. 그러나 그것도 나쁘지 아니했다…'

울면서 걸어도 나쁘지 않을 나이, 어쩌면 오십은 참 좋은 때인가 봅니다.

"오늘도 하루
나는 이렇게
잘 살았다."

속리산에서

나희덕

가파른 비탈만이
순결한 싸움터라고 여겨 온 나에게
속리산은 순하디순한 길을 열어 보였다
산다는 일은
더 높이 오르는 게 아니라
더 깊이 들어가는 것이라는 듯
평평한 길은 가도 가도 제자리 같았다
아직 높이에 대한 선망을 가진 나에게
세속을 벗어나도
세속의 습관은 남아 있는 나에게
산은 어깨를 낮추며 이렇게 속삭였다
산을 오르고 있지만
내가 넘는 건 정작 산이 아니라
산 속에 갇힌 시간일 거라고,
오히려 산 아래서 밥을 끓여 먹고 살던
그 하루하루가
더 가파른 고비였을 거라고,
속리산은
단숨에 오를 수도 있는 높이를
길게 길게 늘여서 내 앞에 펼쳐 주었다

인생은 개척이 아니라 살아가는 것

우리는 자립심과 자수성가의 신화에 상처받은 부상자들입니다. 성공과 목표를 향해 달려가라고 가르치는 현대의 종교에서 벗어나는 길은 우리가 생각보다 훨씬 더 깊은 존재라는 깨달음일지도 모릅니다.

회사의 한 어른이 이 시를 들려주었습니다. 속리산에 가보았더니, 실제로 위로 올라가지 않고, 한없이 깊이 들어가기만 하더라고. 어쩌면 속리산은 아무리 들여다보아도 속을 알 수 없는 충청도 사람 같을 거라고, 나는 웃었습니다. 산을 오르려고 갔더니 산속으로 끝도 없이 들어가기만 했다는 이야기를 읽으면서 문득 '인생은 개척하는 게 아니라 살아가는 것'이라는 말이 생각납니다.

등산을 해본 사람은 압니다. 산을 오르고 나면 더 명확해지는 것은 더 높은 산이 기다린다는 것뿐. 산은 그 신화적인 높이와 깊이로 우리의 전의를 자극하지만, 가파른 비탈만 있다면 인생은 얼마나 힘들고 지루한가요. 수백 번씩 남과 북의 주인이 바뀌었다는 6.25 전쟁의 〈고지전〉처럼 그것은 얼마나 우스운 제로섬 게임인가요.

〈내려갈 때는 보았네, 올라갈 때 보지 못한 그 꽃〉이라는 시가 있습니다. '힘을 빼고 내려갈 때 진짜 생의 풍경이 보인다'고 합니다. 살아보니 그렇습니다. 그리운 것은 '산 뒤'에 있었고, 평화로운 것은 '산 밑'에 있었고, 아름다운 것은 '산 속'에 있고 애처로운 것은 '산 그늘'에 숨어 있더군요.

인간의 기쁨과 시련은 우리 앞에 놓인 산과는 별개로 처음부터 씨앗과 같은 형태 속에 숨어 있는 것일지도 모릅니다. 대추 한 알에 번개와 태풍과 태양이 다 들어 있는 것처럼. 산다는 것 그 자체가 생명으로서의 왕성한 반응이거나 타인에 대한 특별한 약속일지도 모릅니다.

"산다는 일은
더 깊이
들어가는 것이라는 듯"

야간 산행

오세영

두툼한 방한복이 아니라, 푹신한 등산화가 아니라
손전등보다 더 소중한 것은 없다.
야간 산행.
깜깜한 어둠 속에서
돌출한 바위를 피하고, 미혹한 숲을 제치고
가파른 절벽을 타는 데
어찌 빛보다 더 절실한 것이 있으랴.
그러나 빛은
홀로 되는 것이 아니다.
침실처럼
플래시의 약실에 단란히 누운
남편과 아내를 보아라.
양과 음의 두 전류가 일순 결합해
찬란히 발하는 빛,
인생이란
두 개의 배터리가 일으키는 그 빛을 따라
걷는
야간 산행일지도 모른다.

시시포스의 운명

오래전에 본 영화 〈바람난 가족〉이 생각납니다. 〈바람난 가족〉은 제목처럼 남편(황정민)과 아내(문소리)와 시어머니(윤여정)가 모두 바람이 난 콩가루 가족 이야기입니다. 바람이 나지 않은 사람은 초등학생 아들뿐이지요. 그런데 그 아들은 입양아입니다. 어느 날 그 아들이 문소리에게 물었습니다.

"엄마, 난 입양된 거 몰랐을 때가 더 좋았던 것 같아.
근데 왜 엄마는 내가 입양된 걸 알려줬어?"

"음… 그건… 그게 사실이니까."

그리고 얼마 뒤, 인생이 혼자라는 사실을 일찍 배운 아이가 불의의 사고로 죽습니다. 아들이 죽자, 문소리는 머리에 손전등을 이고 야간 산행을 합니다. 남편이 바람을 피운다는 사실, 아이가 입양됐다는 사실, 인간은 그 모든 불편한 사실을 감당하기에 너무 유약할지도 모르지요. 죄책감에 빠진 그녀는 자기를 벌주는 것처럼 산을 탔습니다. 어둠 속의 암벽을 등반하며 그녀는 빗속에서 이를 악물고 울었습니다.
  '아들, 미안해. 아들 미안해' 하고 울었습니다. 나는 그녀가 흰 머리핀 대신 손전등을 머리에 이고 혼자서 바위를 타며 우는 모습을 숨죽이며 바라보았습니다. 인생이란 혼자서 슬픔을 삭이며 오르는 야간 산행 같은 거라고 생각했습니다.
  그해 가을, 문소리가 〈바람난 가족〉으로 여우주연상을

받았을 때, 그녀는 '배우의 삶이 등짐을 지고 산을 오르는 시시포스의 운명 같다'고 했습니다. 그 순간 그녀의 야간 산행을 떠올렸습니다.

아무도 대신해 줄 수 없었던 어둠 속의 야간 산행.

시인은 인생이 두 개의 배터리가 일으키는 그 빛을 따라 걷는 야간 산행이라고 했습니다. 나는 어둠 속에서 홀로 대결해야 할 산과 바위를 보았고, 시인은 함께 등을 부벼 어둠을 밝히는 빛을 보았습니다.

"그러나
빛은 홀로 되는 것이
아니다."

생활에게

이병률

일하러 나가면서 절반의 나를 집에 놔두고 간다
집에 있으면 해악이 없으며
민첩하지 않아도 되니
그것은 다행한 일

나는 집에 있으면서 절반의 나를 내보낸다
밭에 내보내기도 하고 비행기를 태우기도 하고
먼 데로 장가를 보내기도 한다

반죽만큼 절반을 뚝 떼어내 살다 보면
나는 어디에 있는 것이 아니라
어느 곳에도 없으며

그리하여 더군다나 아무것도 아니라면 좀 살 만하지 않을까

그중에서도 살아가는 힘을 구하는 것은
당신도 아니고 누구도 아니며
바람도 아니고 불안도 아닌
그저 애를 쓰는 것뿐이어서
단지 그뿐이어서 무릎 삭는 줄도 모르는 건 아닌가

이러니 정작 내가 사는 일이 쥐나 쫓는 일은 아닌가 한다
절반으로 나눠 살기 어려울 때는
내가 하나가 아니라 차라리 둘이어서

하나를 구석지로 몰고 몰아
잔인하게 붙잡을 수도 있을 터이니

일의 기쁨과 슬픔

출산이 임박해서 마감을 하던 한 선배는 양수가 터져 병원으로 실려 가면서도 취재 수첩을 놓지 않았습니다. 육아지에 실릴 아기 배변 구별법에 관한 한 페이지 기사가 그녀에겐 인류를 구하기 위해 시한폭탄의 암호를 푸는 일처럼 절대적이었습니다. 언젠가는 시아버지 초상을 치르다가도 그날 저녁 검은 옷을 입은 채로 돌아와 마감하는 데스크를 보고 엄숙해진 적도 있었지요.

아! 일이란 대체 무엇일까요. 그럴 댄 부모님의 임종 소식을 들은 직후 무대에 올라가 남들을 웃겨야 했다던 코미디언의 일화가 생각납니다. 그 코미디언이 결국 박수를 받지 못했다고 해도, 눈물을 참고 마감을 사수하려던 데스크의 노력이 밀린 인쇄 공정 때문에 물거품이 됐다 해도, 배변 구별법이 전문가의 오류로 독자들의 항의 엽서를 받았다고 해도, 그들은 자기가 해야 할 일을 했다는 데 안도감을 느낄 것입니다.

그것이 일의 신성함이지요.

할 일이 있을 때는 죽음도 생각하기가 어렵습니다. 저 또한 몇 년 전 배우 박해일을 인터뷰하러 가던 아침에 고속도로에서 차가 전복되는 사고가 있었습니다. 그날 뒤집어진 차에서 기어 나와 전철을 타고 촬영장으로 향했습니다. 모든 일정이 다 끝난 오후가 돼서야, 정신을 놓고 강남 대로변에서 병원을 찾아 헤맸지요. 대체 무엇이 우리로 하여금 그토록 일에 매달리게 하는 걸까요. 알랭 드 보통은 그의 에세이 《일의 기쁨과 슬픔》에서 이렇게 쓰고 있습니다.

우리의 일은 적어도 우리가 거기에 정신을 팔게는 해줄 것이다. 완벽에 대한 희망을 투자할 수 있는 완벽한 거품은 제공해 주었을 것이다. 우리의 가없는 불안을 상대적으로 규모가 작고 성취가 가능한 몇 가지 목표로 집중시켜 줄 것이다. 우리에게 뭔가를 정복했다는 느낌을 줄 것이다. 품위 있는 피로를 안겨줄 것이다. 식탁에 먹을 것을 올려놓아줄 것이다. 더 큰 괴로움에서 벗어나 있게 해줄 것이다.

완벽, 거품, 정복, 피로 … 우리가 그토록 목숨을 다해 몰두하는 일은 몇 가지 단어로 요약되지만, 그 안에 인생의 의미와 희로애락이 다 들어 있습니다. 그렇게 일에 대해 과도하게 의미를 부여하고 있을 즈음, 이병률 시인의 시를 만났습니다.

〈생활에게〉를 읽으며 이 사람은 참 행복하구나, 싶었습니다.

'일하러 가면서 절반의 나를 놔두고 간다' 그리고 '집에 있으면서 절반의 나를 내보낸다'. 그는 책을 만드는 편집자이면서, 동시에 시인입니다. 안과 밖을 동시에 드나들 수 있는 사람, 방랑하면서도 사색할 수 있는 사람, 삶의 피로와 기쁨을 동시에 누리는 사람. 그래서 생활인이라거나 생활력이 있다거나, 생활 연기를 잘한다는 말은 받아들이기에 따라 백 퍼센트 흔쾌한 말은 아닌데, 〈생활에게〉선 무림고수처럼 달관의 여유가 풍깁니다. 그가 쓴 많은 시를 '생활시'라고 부르고도 싶습니다.

　직장에서 독립 운동이라도 하듯 가열차게 달리다가 '정작 내가 사는 일이 쥐나 쫓는 일이 아닌가 한다'는 이 시의 구절을 떠올립니다. 그러면 절체절명의 위대한 과업이 '쥐나 쫓는 일'처럼 가벼워지고, 나는 애니메이션 〈톰과 제리〉의 고양이 톰처럼 독기가 빠진 채 비실비실 웃음이 나는 것입니다.

"아무것도
아니라면
좀 살 만하지 않을까"

동사무소에 가자

이장욱

동사무소에 가자
왼발을 들고 정지한 고양이처럼
외로울 때는
동사무소에 가자
서류들은 언제나 낙천적이고
어제 죽은 사람들이 아직
떠나지 못한 곳

동사무소에서 우리는 前生이 궁금해지고
동사무소에서 우리는 공중부양에 관심이 생기고
그러다 죽은 생선처럼 침울해져서
짧은 질문을 던지지
동사무소란
무엇인가

동사무소는 그 질문이 없는 곳
그 밖의 모든 것이 있는 곳
우리의 일생이 있는 곳
그러므로 언제나 정시에 문을 닫는
동사무소에 가자

두부처럼 조용한
오후의 공터라든가

그 공터에서 혼자 노는 바람의 방향을
자꾸 생각하게 될 때

어제의 경험을 신뢰할 수 없거나
혼자 잠들고 싶지 않을 때
왼발을 든 채
궁금한 표정으로
우리는 동사무소에 가자

동사무소는 간결해
시작과 끝이 무한해
동사무소를 나오면서 우리는
외로운 고양이 같은 표정으로
왼손을 들고
왼발을 들고

동사무소만이 알고 있다

일상에 서투른 사람이 자신을 표현할 때 흔히 하는 말이 '동사무소에 가면 바보가 된다'입니다. 융통성 없고 기계적인 관료를 묘사할 때 '동사무소 여직원처럼 딱딱하다'라고도 하지요. 출생과 사망, 이사와 독립, 혼인과 이혼…. 초라한 개인이던 내가 일가를 이루고, 그 일가가 확장되거나 사라지는 동안 모든 기쁘고도 막막한 이야기가 짧은 단어와 수치로 정렬되는 곳, 동사무소. 나도 모르는 나의 바이오그래프가 수많은 서류 뭉치 속에서 잠자코 침묵한 채 살아가는 곳, 동사무소. 죽은 사람도 여전히 존재하고 태어난 사람이 아직도 존재하지 않는 곳, 동사무소. 신고하는 사람과 신고 받는 사람, 서사는 없고 서류만 있는 곳, 동사무소.

찔러도 피 한 방울 안 나올 것 같은 그 동사무소를 경이롭게 본 계기는 그곳에서 주민등록초본이라는 것을 떼고 나서였습니다. 주민등록초본에는 몇 페이지에 걸쳐 이제까지 내가 태어나서 살았던 삶의 이동 경로가 한 곳도 빠짐없이 상세히 기록돼 있더군요. 서울에서 울산까지, 봉천동에서 압구정동까지, 내가 잠시 소유하고 점을 찍었던 수십 곳의 주소지가 다 거기 있었습니다.

나는 아무도 몰래 바람처럼 이 도시를 떠돈 줄 알았는데 내 삶의 증거가 거기 다 있었습니다. 어느 주소지에선 변두리 치킨집에서 닭을 튀겼고, 어느 주소지에선 바닷가 정류장에서 슈퍼를 했었지. 어느 점에선 언덕의 옥탑방에서 겨울을 맞았고 어느 점에선 개천 옆의 반지하에서 여름을 맞았지. 그

점들을 찍으며 나라는 바람의 영토가 완성되었습니다. 몇 페이지의 서류를 안고 나는 눈물을 흘렸습니다. 그때부터 나는 동사무소가 친근하게 느껴졌습니다. 아무도 모르는 나의 유랑을 동사무소만이 알고 있으니까요.

> 동사무소는 그 질문이 없는 곳
> 그 밖의 모든 것이 있는 곳
> 우리의 일생이 있는 곳

인감도장을 다섯 번 잃어버리고 여섯 번째 새 도장을 들고 동사무소에 갔을 때도, 서류에 찍힌 다섯 개의 붉은 목도장이 인사 없이 헤어진 옛날 남자 친구 같아서 겸연쩍고 미안했습니다.

아이를 낳고 출생 신고를 할 때는 기세등등하게 동사무소를 찾아갔습니다. 아무나 붙잡고, '이봐요! 내가 이렇게 일가를 이루었어요' 자랑이라도 하고 싶었습니다. 동사무소가 동네 이장 어른 댁의 사랑방처럼 푸근하게 느껴졌습니다.

> 어제의 경험을 신뢰할 수 없거나
> 혼자 잠들고 싶지 않을 때
> 왼발을 든 채
> 궁금한 표정으로
> 우리는 동사무소에 가자…

삶은 달걀

백우선

덩달이가 학교에서 받은 '삶은 무엇인가?'라는 작문 숙제의 해답이 동네 구멍가게 유리창에 붙은 '삶은 달걀', 곧 '삶은 달걀이다'라고 생각했다는 덩달이 시리즈를 들으며, "그것 참", "그것 참" 하며 껄껄거리다가 여전한 달걀의 침묵에 그만 고개를 숙이고 말았으니;

삶은 달걀이다. — 그래, 삶은 달걀이다. 삶에도 유정란, 무정란이 있고 삶에도 껍질과 알맹이, 노른자위와 흰자위가 있고 삶도 굴러가고 그런 만큼 늘 아슬아슬하고 그러다가 더러는 금이 가고 깨지고 증발해 버리고 삶도 아예 제 몸을 바위 따위에 날려 차라리 박살이 나기도 하고 그런가 하면 삶도 누군가의 따스한 품에 안겨 개나리꽃빛 햇병아리가 되고 높은 지붕 위에 의젓이 날아오르는 수탉이 되어 새벽과 한낮을 알리기도 하고 삶에도 똥이나 피가 묻어 있기도 하고 삶도 누군가에게 삶아 먹히기도 하고 삶도 곤달걀이 되기도 하고 삶도 둥글어야 하고 그러자니 또 바로 서기 어렵기도 하고 삶에도 중금속이며 항생제 따위의 온갖 잡동사니가 들어 있기도 하고

새가 먼저인지 알이 먼저인지…

삶은 달걀이라니, 이처럼 아름다운 속임수가 있나요. 처음엔 껍질째 물에 익힌 삶은 달걀인 줄 알았다가, 삶이 곧 달걀이라는 시인의 설명에 '맞아 맞아' 고개를 주억거리게 됩니다. '제 몸을 바위에 날려 차라리 박살이 나기도 하고, 누군가의 따스한 품에 안겨 개나리꽃빛 햇병아리가 되고, 누군가에게 삶아 먹히기도 하고, 바로 서기 어렵기도 하고….'

    내 삶이 달걀 한 알과 중첩되는 순간 냉장고를 열 때마다 세상의 복잡함에 대해 생각하느라 사방이 고요해집니다. 미화되지도 비하되지도 않은 한 알 달걀로의 내 삶. 좀 더 젊었을 때는 한 편의 신화가 되고 싶어, 헤르만 헤세의 《데미안》에 몰두했었지요.

>새는 알에서 빠져 나오려고 몸부림친다.
>그 알은 세계이다.
>태어나려는 자는 하나의 세계를 파괴해야 한다.
>새는 신에게로 날기 시작한다.
>그 신의 이름은 아프락사스다.

새가 먼저인지 알이 먼저인지… 몇 번의 알을 깨고 태양을 향해 날아가다 날개가 녹아버린 지금은 그저, 내 삶이 한 알의 달걀로 남아도 좋겠다는 생각입니다. 삶이, 삶은 달걀 몇 알 나눠먹을 수 있는 기차 여행이나 유년의 봄 소풍 같기를 바라면서요.

밥을 주세요

김지녀

이 질문에 밥을 주세요 페달이 멈추었어요 새가 울지 않았어요 오후도 아니고 저녁도 아닌 5시 11분엔 밥이 필요해요 천둥이 치는 날엔 다음을 기다려요 소리의 다음, 너의 다음, 하늘의 다음, 다음의 다음, 을 기다려요 기다리며 나는 번쩍거려요 우산에 밥을 주세요 보리 현미 콩 수수가 섞이지 않은 하얀 밥을 주세요 용마랜드의 회전목마에 밥을 주어야 해요 서로의 멱살을 잡는 사람들에게 갓 태어난 아기에게 리어카를 몰고 도로를 횡단하는 저 할아버지에게 추억을 주세요 창백한 우리의 영혼에 호호 따뜻한 입김이 불어오게 해주세요 침묵을 깨워주세요 도마뱀꼬리처럼 잘려도 다시 돋는 우리의 수다를 잠재워주세요 밥은 다 할 수 있어요 주먹처럼 만들어 던져주세요 높은 담장과 담장 사이로 던져주세요 따끈따끈 하얀 밥풀이 흩날리는 세상을 다음이라고 말할 수 있게, 밥을 주세요 어둡고 추운 서로의 입속에 한 숟가락의 불이 되도록 페달을 돌려주세요

정답이 없는 시

엄청난 속도로 달려오는 힘센 시입니다. 우르릉 꽝꽝 내리치는 천둥과 번쩍이는 번개와 우산과 회전목마와 멱살을 잡는 사람들, 갓 태어난 아기와 횡단하는 할아버지와 눈처럼 흩날리는 밥풀들… 마치 제임스 조이스의 《율리시스》나 버지니아 울프의 《세월》을 읽는 느낌도 듭니다. 천둥, 번개, 불, 페달, 밥은 엄청난 에너지를 발산하며 지그재그로 커브를 돕니다.

여기서 밥이 무엇일까, 집착할 필요는 없습니다. 시란 때로는 정답표가 뜯겨나간 문제집 같은 것. 출제자도 답을 모를 때가 많습니다. 각자 짐작할 뿐, 그 답이 정말 맞는 것인지 확인할 방법도 없지요.

시인도 처음부터 질문에 '답'이 아닌 '밥'을 달라고 하지 않습니까.

'밥은 다 할 수 있으니 주먹처럼 만들어 던져 달라'고요.

밥풀이 눈처럼 흩날리는 하늘의 풍경을 그려보며, 성경의 구약 시대에 등장하는 '만나'가 떠올랐습니다. 만나는 이스라엘 백성이 이집트를 떠나 광야를 헤맬 때, 하나님이 매일매일 내려주신 하늘의 밥입니다. 공중에 나는 새도 먹이시니, 하물며 사람인 나는 오늘 먹을 것, 입을 것을 걱정하지 말라는 성경 속의 예화지요.

문득, 21세기 하늘에서 만나가 떨어진다면, 어떨까 상상해 봅니다. 매일 아침 눈을 뜨면, 오늘 먹을 밥풀이 들판에 쌓여 있다면? 전쟁도 사라지고 자살도 없어질까요? 만나는 하루가 지나면 썩어 제 집 창고에 몰래 쌓아둘 수도 없으니, 그날의 밥은 그날의 밥으로 족할 뿐입니다.

그럼에도 불구하고 이스라엘 백성은 불평하며, 다시 만나 대신 쫄깃한 메추라기 고기를 달라고 신에게 떼를 썼다는데요. 과연 우리는 어떨까요? 매일 아침 하늘에서 하루치의 밥과 고기가 떨어진다면? 서로 삿대질도 안 하고 땅도 안 뺏고, 정다웁게 살 수 있을까요?

혹시 아시는 분은 '이 질문에 밥을 주세요'.

따끈따끈 하얀 밥풀이 흩날리는 세상을 다음이라고 말할 수 있게.

"창백한 우리의 영혼에
호 호
따뜻한 입김이 불어오게"

지하인간

장정일

내 이름은 스물두 살
한 이십 년쯤 부질없이 보냈네.

무덤이 둥근 것은
성실한 자들의 자랑스런 면류관 때문인데
이대로 땅 밑에 발목 꽂히면
나는 그곳에서 얼마나 부끄러우랴?
후회의 뼈들이 바위틈 열고 나와
가로등 아래 불안스런 그림자를 서성이고
알만한 새들이 자꾸 날아와 소문과 멸시로 얼룩진
잡풀 속 내 비석을 뜯어먹으리

쓸쓸하여도 오늘은 죽지 말자
앞으로 살아야 할 많은 날들은
지금껏 살았던 날에 대한
말없는 찬사이므로.

반지하 인간

시인 장정일은 '지하'를 좋아하는 것 같습니다. 〈지하도로 숨다〉라는 시를 본 적이 있어요. 비를 피해 지하도로 숨은 시인은 한 삼일쯤 지하에서 유령처럼 떠돌다 지상으로 솟아올라가 '재림 예수'라고 부르짖으리라 했습니다.

지하는 무덤. 땅 속에 가라앉는 무덤.

지하 인간은 무덤 속에서 자고 무덤 속에서 걸어 다니는 인간.

사실 지하보다 더 슬픈 이름은 반지하입니다. 지하도, 지하철, 지하 주차장은 번듯한 완장이라도 있지만, 반지하는 그 존재가 애매해 골목길에 몰래 숨어 있습니다. 반은 지상에 걸치고 반은 지하에 걸친 반지하. 왕가의 무덤에 함께 순장될 운명을 지닌 하인처럼, 살아 있는 것도 아니고 죽은 것도 아닌 반지하 인간.

죽을힘을 다해 도망쳐야만 살 수 있는 반지하 인간의 운명을 봉준호 감독은 영화 〈기생충〉에서 보여주었지요.

내 나이 스물두 살, 한 이십 년은 부질없이 보냈을 때, 홍제동 반지하에 살았습니다. 그때는 너무 젊어 반지하의 사이클을 몰랐고 그렇게 빨리 장마철이 다가올 줄 몰랐습니다. 그리고 장마가 어떤 불행을 몰고 올지도 몰랐지요. 그해 여름, 이불도 베게도 책도 옷도 가방도 모든 사물들이 반지하의 습기를 빨아먹었고, 나는 매일 아침 뽕 맞은 것처럼 정신이 몽롱했습니다. 반지하는 점점 더 지하로 가라앉았고, 나는 수장되기 직전이었습니다. 정신을 바짝 차리고 도망쳐 나왔지만, 아직도 몇 달간의 악몽이 잊히지 않습니다.

반지하에 살아보지 않았더라면, 나는 반지하의 냄새를 몰랐을 것입니다. 어느 날, 여린 소년 같은 한 남자에게서 반지하의 냄새를 맡았습니다. 해가 좋은 날에도 가시지 않는 축축한 곰팡이 냄새. 그는 자주 몸을 움츠렸고, 한 번도 나를 자기 집에 데려가지 않았습니다. 그는 자기 집이 2층이라고만 했습니다.

나는 그 말을 믿어주는 척했습니다. 그리고 마음속으로 속삭였지요.

'괜찮아. 우린 한때는 다 반지하 인간이었어.'

문득 아파트 지하 주차장에서 나와 회사의 지하 주차장으로 이동해 엘리베이터를 타고 하늘로 솟구치는 나는 지금 어떤 종류의 인간인가 싶습니다.

"쓸쓸하여도
오늘은
죽지 말자"

겨울산

황지우

너도 견디고 있구나

어차피 우리도 이 세상에 세들어 살고 있으므로
고통은 말하자면 월세 같은 것인데
사실은 이 세상에 기회주의자들이 더 많이 괴로워하지
사색이 많으니까

빨리 집으로 가야겠다

나도 견디고 있다

언젠가 사진작가들의 풍경 사진에 관한 기획을 한 적이 있습니다. 김중만과 구본창과 권부문. 김중만과 구본창은 패션 사진계의 댄디가이로 잘 아는 사람이었고, 권부문은 '낙산 시리즈', '빙하 시리즈'로 유명하지만 한 번도 만나본 적 없는 과묵한 사람이었습니다. 세 명의 아티스트에게 받은 풍경 사진의 온도는 달라도 너무 다르더군요.

    김중만의 풍경은 너무 뜨거웠습니다. 생명이 살지 않는 죽음의 사막도 얼음처럼 차가운 돌계곡의 무덤도 그의 탐미적인 시선 속에서 웅장해졌습니다. 김중만의 풍경은 관조나 대결이 아닌 사랑으로 광활했습니다. 구본창은 방금 누군가가 지나간 듯한 풍경, 방금 누군가가 쓰다 놓고 간 듯한 정물에 마음을 빼앗겼습니다. 그의 사진은 아열대 지방의 바람처럼 따스했고, 품에서 나온 젖병의 온도처럼 온유했습니다.

    단숨에 시선을 얼어붙게 만든 사람은 권부문이었습니다. 그는 풍경을 어설프게 이해하려 들지 않고 풍경과 팽팽한 힘으로 맞섰습니다. 그가 찍은 겨울산 앞에서 나는 말을 잃었습니다. 엄청난 추위, 가파른 낙하, 얼어붙은 땅에 대한 입장…, 풍경이라는 대상 앞에 섰을 때 그 관계가 요구하는 것에 권부문의 사진은 명징하게 반응했습니다. 마치 정선의 〈진경산수화〉를 보는 듯했지요.

"해석의 힘이 없을 때, 인간은 패닉 상황으로 빠진다. 그것은 마치 어느 겨울, 날씨가 너무 우울하다고 센 강에 빠져 죽는 것과 같다"고 권부문은 말했습니다.

황지우의 〈겨울산〉 첫 구절 '너도 견디고 있구나'를 읽으면서 권부문의 사진 〈겨울산〉이 떠올랐습니다.

너도 견디어라, 나도 견딜 테니.

그리하여 그 산이 견딘 눈의 무게만큼, 바위의 차가움만큼, 나무의 뼈저림만큼, 굴러 떨어지는 돌멩이의 체념만큼, 해 질 녘 눈보라 속을 뛰어가는 토끼의 절박함만큼… 얼어붙은 겨울산이 그랬듯이 나도 묵묵히 삶을 견뎌낼 수 있게 되었습니다.

"빨리
집으로
가야겠다"

2부 번지는 마음

밤

박시하

내가 가장 슬펐을 때가
검고 탁하다고 해서
밤이 밤이 아닐 것을 바랄 수는 없었다

슬픔과 침묵

행간을 고공점프하는 하이쿠처럼, 새벽에 쏟아진 먹물처럼, 〈밤〉이라는 시가 마음에 번집니다.

박시하는 젊은 시인입니다. 그녀는 대학에서 시각디자인을 전공했습니다. 시각디자인 하면 굉장히 화려하게 느껴져서 캔디컬러 무지개 색을 아낌없이 캔버스에 뿌리고 다녔을 것 같지요. 그런데 어찌된 일인지 그의 시는 무채색입니다.

첫 시집 《눈사람의 사회》에 쓰인 시인의 말을 읽어드리고 싶군요.

> 약한 것은 강하다. 이름 없는 것은 불리기를 원치 않는다, 다만 나를 부른다, 슬픔의 자식처럼. 슬픔에게서 떠나면서도 떠나간 슬픔이 돌아오길 기다리며.

〈밤〉이라는 시가 오히려 '시인의 말'에 대한 해설로 읽히지 않습니까? 순서를 거꾸로 하여 읽어보면 그 느낌을 아실 겁니다. 따지고 보면 시의 형태는 사실 '아주 조금만 말하기'입니다. 거기에 '아주 조금만 더 말하기'로 한걸음 더 나아가기도 하지요. 박시하 시인의 '시'와 '시인의 말'에서 침묵과 복화술의 협연을 봅니다.

어둠이 아직

나희덕

얼마나 다행인가

눈에 보이는 별들이 우주의
아주 작은 일부에 불과하다는 것은

눈에 보이지 않는 암흑물질이
별들을 온통 둘러싸고 있다는 것은

우리가 그 어둠을 아직 뜯어보지 못했다는 것은

별은 어둠의 문을 여는 손잡이
별은 어둠의 망토에 달린 단추
별은 어둠의 거미줄에 맺힌 밤이슬
별은 어둠의 상자에 새겨진 문양
별은 어둠의 웅덩이에 떠 있는 이파리
별은 어둠의 노래를 들려주는 입술

별들이 반짝이는 동안
눈꺼풀이 깜박이는 동안
어둠의 지느러미는 우리 곁을 스쳐가지만
우리는 어둠을 보지도 듣지도 만지지도 못하지

뜨거운 어둠은 빠르게

차가운 어둠은 느리게 흘러간다지만
우리는 어둠의 온도도 속도도 느낄 수 없지

얼마나 다행인가
어둠이 아직 어둠으로 남아 있다는 것

이토록 충만한 어둠

《떨림과 울림》을 쓴 물리학자 김상욱 박사와 인터뷰하면서 가장 놀란 대목은 '우주는 어둠으로 충만하다'는 사실이었습니다. 태양이 가까이 있기에 우리가 밝음을 인지할 뿐. 나희덕 시인의 예민한 촉수는 우주의 주인공인 그 '어둠'을 감지합니다. 〈어둠이 아직〉이라는 시의 첫 행을 '얼마나 다행인가'로 시작한 것은 신의 한수가 아닐 수 없습니다. 어둠의 현존, 그 두껍고 깊고 검은 '모름'의 세계가 '인지불능' '통제불능' '두려움'이 아니라 경이의 세계로 전환됩니다.

어둠은 별을 둘러싸고 있는 고귀한 몸통. 그래서 별은 어둠의 망토에 달린 단추이고, 어둠의 노래를 들려주는 입술입니다.

어둠의 단추, 어둠의 입술… 어둠 가운데 가장 반짝이고 촉촉한 부분이 별이라는 거죠. 눈꺼풀이 깜박이는 동안, 그러니까 우리가 잠시 눈을 감는 동안, 어둠의 지느러미는 우리 곁을 스쳐가고, 설사 우리가 어둠의 온도나 속도 같은 것을 느낄 수 없어도, 어둠이 아직 어둠으로 남아 있다는 것이 얼마나 다행이냐고, 나희덕 시인은 이야기합니다.

그러고 보면 우리가 밤하늘에 매료되는 건, 어쩌면 별이 아닌 어둠 때문인지도 모르겠습니다. 어둠은 나라는 존재를 집어삼키는 검은 입이 아니라, 광대하고 압도적인 평형 그 자체가 아닐는지요.

아직 뜯어보지 못한 어둠이 많다는 것, 어둠이 어둠으로 있다는 것, 그래서 우주 그 자체가 신의 몸인지, 분리된 피조 세계인지 우리의 인지로는 분류도 측량도 할 수 없다는 사실에 아득한 안도감이 듭니다. 어쩌면 그 눈부신 블랙홀을 여는 가장 분명한 열쇠는 그리움이나 갈망 같은 것일지도 모르겠습니다.

    PS
아마도 가장 아늑한 어둠은 엄마 뱃속이겠지요.

초산

장석주

산통産痛이 오는지 개가 운다.
호소하는 듯 긴 울음이
딱딱한 내 몸통 속으로
밀려들어온다.

초산이다, 개는 울음도 그친 채
고요히 새끼 두 마리를 낳고
엎드려 있다.
산 것이 새끼를 낳는 동안
소년가장 같은 땅강아지는 재개재개 기어가고
귀없는 풀들은 비스듬히 기운다.
몸통 속에서 내 것이 되었던 울음들이
다시 몸통 바깥으로 밀려나가고
나는 미역국을 끓이러
부엌으로 간다.

등뒤 칸나꽃이 투명한 공기 속에서
유난히도 붉은 저녁이다.

울음이 온몸으로 밀려들어온 후에

오래전 장석주 시인을 만나러 안성 금강 저수지 끝자락에 있는 '수졸재'를 방문한 적이 있습니다. 이 시 때문이었지요. 아! 어떤 남자가 개의 산통을 온몸으로 받아낼까. 초산을 치른 개에게 미역국을 끓여줄까. 개에게 이런 시를 지어줄까. 시인은 그곳에서 도가적인 삶을 누리고 있었습니다.

 새벽 다섯 시에 일어나 이쪽 살림집 마당을 가로질러 저쪽 집필실로 출근했습니다. 홀로 깨어 차를 끓여 마시며 새벽 별을 보고 글을 썼습니다. 시인의 눈매는 형형한 산호랑이이 되, 가슴은 물 많은 저수지로 보였습니다.

 '산통이 오는지 개가 운다'로 시작하는 이 시는 전원생활의 단출함과 함께 동물과 식물과 한 몸으로 소통하는 시인의 따스한 마음씨가 깊이 전해지는 시입니다.

 '호소하는 듯한 긴 울음이 딱딱한 내 몸통 속으로 밀려들어온다'라는 구절에선 스트레스로 딱딱하게 굳은 내 몸마저 몽글몽글하게 풀어지고 맙니다.

 아! 타자의 아픔을 온몸으로 받아들이는 게 이러하구나. 아! 무명하고 단순한 산짐승의 울음을 듣는 것이 이러하구나. 개들은 주인의 발소리만 듣고도 기뻐서 문 앞에서 펄쩍 펄쩍 뛰었듯이, 제 새끼를 낳아놓고는 또 주인의 발 앞에 고요히 엎드려 있습니다. 개가 새끼를 낳는 동안 땅강아지들은 조심조심 기고, 풀들마저 비스듬히 기웁니다. 인간이 압도하지 않는 세상은 얼마나 서로에게 공의롭고 겸허한지. 도심으로부터 바글거리는 인간으로부터 멀리 떠나 있으면 얼마나 많은 것이 보이고 들리는지.

울음이 밀물처럼 몸으로 밀려왔다, 썰물처럼 빠져나가고 나면, 시인은 미역국을 끓이러 부엌으로 갑니다. 스스로를 격리시켜 고독 속에서 지낸 자만이 칸나 꽃이 유난히 붉다, 는 것을 등 뒤로 느낄 수 있지요. 인간이 자연 속으로 들어가면 자연은 다시 인간 속으로 들어옵니다.

진정한 교감이란 그런 것이 아닐까요.

"풀들은
비스듬히
기운다."

무릎으로 남은

유병록

모래가 사막을 건너고 있다
몇 번이나 쓰러졌다 일어서는 모래의 무릎이 빛난다

아름다운 무릎이란
한번의 상처로 얻는 게 아니어서
저 모래는 아슬아슬한 생애를 몇번이고 건넜을 것이다
시간에게 수차례 무릎 꿇었을 것이다

구부러진 생애가 무릎으로 남는 법
그걸 무릎의 세습이라 부르자

들판을 질주하는 무릎이었으며
걸음 멈추고 식물의 생을 견디는 무릎이기도 했을
또 한번 생이라는 낭떠러지를 지나는 모래들

쓰러지는데
이번 생에서도 길을 잃는데
다시 흘러가며 서로 어루만진다

나는 상처 많은 무릎을 끌어안은 채
구부러진 생을 구술하는 모래 속으로 손을 넣는다
무릎으로 남은
지난 여러번의 생애를 헤아려보는 것이다

나는 지금 무릎걸음으로
수천수만번째의 나를 건너는 중이다.

어찌하여 이번 생에

모래의 질감을 좋아합니다. 손으로 움켜쥘 때마다 손가락 사이로 빠져나가는 그 개별적이고 매끈한 추락.

늪처럼 질척거리지도 않고 뻘처럼 아득하지도 않으며, 물처럼 신비스럽지도 않은,

앞날을 모르는 유랑자 같은 모래의 투항적 물성.

생각해 보세요. 집채만 한 파도에 몸을 낮춘 바닷가 모래알도 으르렁대는 회오리바람에 나부끼는 사막의 모래알도 그저 젖거나 그저 언덕을 만들며 만들 뿐입니다. 그래서 모래를 보면 궁금해집니다.

어찌하여 모래는 파도치는 바다에 정착하여 살게 되었을까.

어찌하여 모래는 바람 부는 사막을 유랑하게 되었을까.

어찌하여 모래는 말라죽은 불가사리의 무덤이 되고,

어찌하여 모래는 가시투성이 선인장을 품은 어머니가 되었을까.

과거를 물어볼 수 없고 앞날을 논할 수 없는, 모래의 운명에 나를 겹쳐봅니다.

'모래가 사막을 건너고 있다'로 시작하는 이 시에서 가장 사랑하는 구절은 '나는 상처 많은 무릎을 끌어안은 채 / 구부러진 생을 구술하는 모래 속으로 손을 넣는다'입니다.

한 번 무릎을 꿇어본 사람은 알지요. 그 뒤의 삶은 아프고 더딘 무릎걸음의 연속이라는 것을. 그래서 그 무릎걸음이 서럽고 억울해질 때마다, 저토록 거대한 지구의 지분을 갖고

도 자기 운명에 후회나 질문이 없는 모래의 육체를 생각합니다. 사막을 건너는 모래와 쓰러졌다 일어나는 모래의 빛나는 무릎을 떠올려봅니다.

사과 없어요

김이듬

아 어쩐다, 다른 게 나왔으니, 주문한 음식보다 비싼 게 나왔으니, 아 어쩐다, 짜장면 시켰는데 삼선짜장면이 나왔으니, 이봐요, 그냥 짜장면 시켰는데요, 아노, 손님이 삼선짜장면이라고 말했잖아요, 아 어쩐다, 주인을 불러 바꿔달라고 할까, 아 어쩐다, 그러면 이 종업원이 꾸지람 듣겠지, 어쩌면 급료에서 삼선짜장면 값만큼 깎이겠지, 급기야 쫓겨날지도 몰라, 아아 어쩐다, 미안하다고 하면 이대로 먹을 텐데, 단무지도 갖다 주지 않고, 아아 사과하면 괜찮다고 할 텐데, 아아 미안하다 말해서 용서 받기는커녕 몽땅 뒤집어쓴 적 있는 나로서는, 아아, 아아, 싸우기 귀찮아서 잘못했다고 말하고는 제거되고 추방된 나로서는, 아아 어쩐다, 쟤 입장을 모르는 바 아니고, 그래 내가 잘못 발음했을지 몰라, 아아 어쩐다, 전복도 다진 야채도 싫은데

소심하면 어때

소심한 사람에겐 '마음'이 하나의 우주입니다. 내 마음이 다칠까 봐 두렵고, 타인의 마음이 다칠까 봐 두렵고, 타인의 마음이 다쳐서 내가 오해와 미움을 받을까 봐 두렵지요. 소심함이란 단어를 웹스터 사전에서 찾아보면 '쉽게 두려워하는 사람' '대상을 피하려는 성향을 지닌'이라고 정의되어 있습니다.

'아 어쩐다'로 시작하는 김이듬 시인의 시 〈사과 없어요〉를 읽으며 '웃픈' 마음을 금할 길 없습니다. 짜장면 한 그릇 시켜놓고 이러지도 저러지도 못하고, 면발만 퉁퉁 불게 생겼으니까요. 누구나 한번쯤 겪어봤을 법한 일이기에 더욱 공감이 되지요. "그냥 짜장면 시켰는데요." 우물쭈물 항의하는 시인 앞에 종업원은 확신에 차서 쏘아붙입니다. "아뇨, 손님이 삼선 짜장면이라고 말했잖아요."

모든 건 다 '어쩐다'와 '어쩌면' 때문에 벌어진 일입니다. 걱정과 가정 사이에 낀 시인은 '아아' 신음만 내뱉을 뿐. '미안하다고 하면 이대로 먹을 텐데, 사과하면 괜찮다고 할 텐데'. 하지만 웬걸요. 적반하장 격으로 단무지도 가져다 주지 않고 쌩하고 가버린 종업원 등 뒤에서, 시인은 더더욱 뒷걸음질을 칩니다. '그래 내가 잘못 발음했을지 몰라.' 그런데 이를 어쩐답니까. 시인은 '전복도 다진 야채도 싫다'니 말입니다.

시를 읽으면서, 그 뒤의 '시 잇기'를 해봅니다.

'아아 어쩐다, 종지 하나 달라고 해서 전복도 다진 야채도 다 덜어놓을까, 아 어쩐다, 남은 음식은 다 싸가라고 윽박지르면…'

시집의 제목이 《히스테리아》라는 점이 의미심장합니다. 시인은 트라우마가 있습니다. '미안하다 말해서 용서 받기는커녕 몽땅 뒤집어쓴 적'이 있고, '싸우기 귀찮아서 잘못했다고 말한 후 제거되고 추방된' 경험… 짐작컨대, 김이듬 시인은 이빨이 으르렁대는 동물의 세계에서 홀로 이파리가 움츠러드는 음지 식물로 살아왔을 테지요.

저 또한 시인만큼이나 소심한 사람. 미용실에서 헤어스타일이 맘에 안 들어도 불평 한마디 못하고, 후배가 인사하지 않으면 밤새 잠을 못 이룹니다. 그러나 소심하기 때문에 실수를 하지 않으려고 노력했고, 소심하기 때문에 타인의 마음을 더욱 배려하려고 했고, 소심하기 때문에 매사에 수십 가지 상황 변수를 고려했고, 소심하기 때문에 튀지 않으려고 했습니다.

이렇듯 소심함은 때론 유치하고 한심한 모습으로, 때론 순진하고 섬세한 모습으로 다양하게 변주되어 일상에 나타납니다. 섬세하고 복잡하고 끝없이 출렁이는 마음 근육을 가진 우리 시대 소심증 환자들에게 위로가 되는 시, 제목마저 싱그러운 〈사과 없어요〉.

> PS
> 더불어 소심한 사람은 솔직해졌을 때 생기는
> 크고 작은 문제를 감당하기 부담스러워,
> 상대에게 자신을 파악할 기회조차 주지 않고
> 피해자로 숨어버리는 것은 아닐지, 생각해 볼 일입니다.

"사과하면
괜찮다고
할 텐데"

밥

천양희

외로워서 밥을 많이 먹는다는 너에게
권태로워서 잠을 많이 잔다는 너에게
슬퍼서 많이 운다는 너에게
나는 쓴다.
궁지에 몰린 마음을 밥처럼 씹어라.
어차피 삶은 네가 소화해야 할 것이니까.

'혼자'라는 시대

뉴스에서 혼자 고기를 구워먹을 수 있는 1인 식당을 보았습니다. 사진 속 고깃집엔 앞이 막힌 1인용 테이블, 테이블 위엔 가스레인지와 TV모니터, 휴대폰 충전기와 와이파이가 있더군요. 식당 이름도 그럴싸하게 '독고진'. 카운터를 향해 독서실처럼 일렬로 늘어선 1인용 테이블을 보고 있자니, 괜스레 눈물이 났습니다.

'저 식당은 매스컴에 나오니 대박 나겠네' 줄줄이 댓글이 달립니다.

문득 식당의 풍경을 그려봅니다. 문을 열고 들어갑니다. 당연히 혼자입니다. 종업원은 말없이 다가와 1인분의 고기와 한 공기의 밥, 한 병의 소주를 가져다 줍니다. 자리에 앉아 가스레인지에 불을 붙입니다. 불판을 달궈 고기를 굽고 소주 한 잔을 들이켠 후 음이 소거된 TV 화면을 쳐다봅니다. 옆을 훔쳐볼 필요도 없습니다. 누구나 그렇게 하고 있으니까요. 제 각자의 책상에서 고시 공부를 하듯 제 각자의 테이블에서 고기를 굽습니다.

식당에 더 많은 손님이 들어찰수록, 적막의 하중은 더욱 깊어집니다. 그 적막은 누구의 탓이랄 것도 없고, 그래서 더 부지런히 불판에 코를 박습니다. 지글지글 고기는 맹렬하고 외롭게 익어갑니다. 불을 살피고, 쌈을 싸고, 소주를 따르고… 분업 없이 혼자 먹는 밥은 쉬 배부르지 않습니다. 누가 볼까, 몰래 먹는 눈칫밥처럼 꾸역꾸역 밑도 끝도 없이 들어갑니다.

이제는 혼밥이 익숙한 시대지만, 젊어서나 늙어서나 혼

자 먹는 날들이 많습니다. 그럴 때마다, '밥'이라는 시의 마지막 구절을 꼭꼭 씹어 삼킵니다.

> 궁지에 몰린 마음을 밥처럼 씹어라.
> 어차피 삶은 네가 스스로 소화해야 할 것이니까.

"슬퍼서
많이 운다는
너에게"

탕자의 기도

손택수

나무는 종교가 없는데도 늘 기도를 드리고 있는 것 같다

나는 여러 종교를 가져보았지만
단 한번 기도다운 기도를 드린 적이 없다

풀잎은 풀잎인 채로, 구름은 구름인 채로,
바람은 바람인 채로 이미 자신이 되어 있는데
기도도 없이 기도가 되어 있는데

사람인 나는 내가 까마득하다
가도 가도 닿을 수 없는 타향살이다

제자리걸음으로 천만리를 가는 별이여
떠난 적도 없이 끝없이 떠나 자신에게로 돌아가는 바위여
누가 세상 가장 먼 여행지를 자기 자신이라고 했던가

명소란 명소는 다 돌아다녀봤지만
흔들리는 꽃 한송이 앞에도 당도한 적 없는 여행자

하여, 나는 다시 기도를 드리는 것이다
이 부끄러움이나마 잊지 않고 살게 해달라고

이생에 철들긴 일찌감치 글러먹었으니
애써 철들지 않는 자의 아픔이나마 잊지 않게 해달라고

나는 떠돌이

나무는 사시사철 그 존재감이 무시무시합니다. 물오른 봄의 나무, 와글와글한 여름 나무, 우수에 젖은 가을 나무, 침묵의 겨울나무… 지나가는 구름, 피었다 지는 꽃잎과는 그 무게를 비교할 수 없지요. 바위라면 또 모를까.

나무와 바위가 지닌 '힘'은 움직일 수 없다는 물리적 실존에 있습니다. 산은 산이고, 물은 물인 것처럼, 나무는 나무고 바위는 바위지요. 나무와 바위는 그저 하염없이 골똘하게 제 앞을 바라볼 뿐입니다.

가히 절대 고독의 상태지요.

그래서 허공을 향해 한껏 두 팔을 벌린 나무가 비명도 없이 바람에 우수수 흔들릴 때나, 철벽같이 웅크린 바위를 뚫고 이끼가 스멀스멀 올라올 때, 세계가 한 꺼풀 벗겨지는 것 같은 경이에 사로잡힙니다.

'나무는 종교가 없는데도 늘 기도를 드리고 있는 것 같다'는 이 시에서 가장 황홀한 구절은 '떠난 적도 없이 끝없이 떠나 자신에게로 돌아가는 바위여 누가 세상 가장 먼 여행지를 자기 자신이라고 했던가' 입니다.

'사람인 나는 내가 까마득'하여, '가도 가도 닿을 수 없는 타향살이'인데, 발이 묶인 나무와 발 없는 나무는 어떻게 제자리걸음으로 자기를 떠나고 또 만날 수 있었던 걸까요. 그 꼿꼿한 '성자' 앞에 돌아와 무릎 꿇은 나는 진정 태생이 떠돌이 '탕자'였던가 봅니다.

껌

김기택

누군가 씹다 버린 껌.
이빨자국이 선명하게 남아 있는 껌.
이미 찍힌 이빨자국 위에
다시 찍히고 찍히고 무수히 찍힌 이빨자국들을
하나도 버리거나 지우지 않고
작은 몸속에 겹겹이 구겨넣어
작고 동그란 덩어리로 뭉쳐놓은 껌.
그 많은 이빨자국 속에서
지금은 고요히 화석의 시간을 보내고 있는 껌.
고기를 찢고 열매를 부수던 힘이
아무리 짓이기고 짓이겨도
다 짓이겨지지 않고
조금도 찢어지거나 부서지지도 않은 껌.
살처럼 부드러운 촉감으로
고기처럼 쫄깃한 질감으로
이빨 밑에서 발버둥치는 팔다리 같은 물렁물렁한 탄력으로
이빨들이 잊고 있던 먼 살육의 기억을 깨워
그 피와 살과 비린내와 함께 놀던 껌.
지구의 일생 동안 이빨에 각인된 살의와 적의를
제 한몸에 고스란히 받고 있던 껌.
마음껏 뭉개고 갈고 짓누르다
이빨이 먼저 지쳐
마지못해 놓아준 껌.

내 안의 파시스트

쉬운 일을 빗대 '그 정도는 껌이지'라고 얘기해왔습니다. 껌은 '식은 죽'보다 못한 존재였습니다. 그러기에 '씹다 버린 껌'에 이 정도의 사연이 있으리라고는 상상도 해본 적 없습니다. 껌이 그냥 껌이 아니라는 것을 김기택 시인이 일깨워줍니다. 이빨의 살의와 적의를 온몸으로 다 받아내고, 이빨이 먼저 지쳐 마지못해 놓아준 껌의 스토리에 악플과 루머에 고통받다가 사라지는 유명인사의 삶이 겹쳐지는 건 내 직업 때문일 것입니다.

> 다시 찍히고 찍히고 무수히 찍힌 이빨자국들을
> 하나도 버리거나 지우지 않고
> 작은 몸속에 겹겹이 구겨넣어
> 작고 동그란 덩어리로 뭉쳐놓은 껌
> 그 많은 이빨자국 속에서
> 지금은 고요히 화석의 시간을 보내고 있는 껌…

이빨이 있는 동물들 중에 유일하게 인간만이 부드러운 껌을 씹습니다. 오직 이빨의 즐거움만을 위해서요. 껌을 씹을 땐 얌전한 사람도 '짝 짝 짝' 불량기가 생겨나지 않던가요. 내 안의 파시스트적인 기질이 느껴지지 않던가요. 삼켜지기 위해서가 아니라 씹혀지기 위해서만 태어난 껌. 죽은 것도 아니고 산 것도 아닌 그 운명적 탄력. 실존적 피학. 다시 한 번 이빨의 파괴력과 껌의 생명력에 대해 생각해 봅니다. 내 침과 혀와

이빨로 반죽한 껌의 최후에 대해 생각해 봅니다. 단물만 삼키고 뱉어버린 쭉정이 같은 껌의 시체에 대해 생각해 봅니다.
 혹시 내가 그렇게 씹어버린 사람이 없나, 생각해 봅니다.

"짓이기고
짓이겨도
다 짓이겨지지 않고"

아프리카의 어느 어린이가

2006년 UN 선정
최고의 동시

태어날 때 내 피부는 검은색

자라서도 검은색

태양 아래 있어도 검은색

무서울 때도 검은색

아플 때도 검은색

죽을 때도 나는 여전히 검은색이죠.

그런데 백인들은

태어날 때는 분홍색

자라서는 흰색

태양 아래 있으면 빨간색

추우면 파란색

무서울 때는 노란색

아플 때는 녹색이 되었다가

또 죽을 때는 회색으로 변하잖아요.

백인들은 왜 나를 유색인종이라 하나요?

When I born, I black

When I grow up, I black

When I go in Sun, I black

When I scared, I black

When I sick, I black

And when I die, I still black

And you white fellow

When you born, you pink

When you grow up, you white

When you go in sun, you red

When you cold, you blue

When you scared, you yellow

When you sick, you green

And when you die, you gray

And you calling me colored?

너는 어느 색이냐고 묻는 말들에 관하여

어린이의 뼈 때리는 통찰에 얼굴이 훅 달아오르는 시입니다. 정말 그러고 보니 아플 때도 추울 때도 블랙은 언제나 블랙입니다. 태어날 때도 죽을 때도 블랙은 한결같은 블랙입니다. 반면 추울 때는 새파랗게, 더울 때는 시뻘겋게, 태어날 때는 분홍색, 죽을 때는 회색… 환경에 따라 색을 바꾸는 쪽은 화이트지요. 그럼, 아이의 반문처럼 정말 누가 '유색 인종'일까요? 오직 색을 기준으로 관찰한 어린 현자의 과학적 일침에, 세상 만사가 다 달리 보입니다.

"나는
여전히
검은색이죠."

형용사로 굴러가는 기차

박연준

쓸쓸한
무거운
헛헛한
긴 긴 긴
두려운
이상한
징그러운
공포스러운
기다란 기다란 기다란
거칠거칠한
시끄러운
미끄러운
빛나는 무거운 차가운
어두운 어두운 어두운
막막한
광대한 검은
처연한
오래된 흐린 딱딱한
지루한
바쁜
가쁜
슬픈 슬픈 슬픈
노여운
기차

기차

그립다 말을 할까 하니, 그리워

형용사로 굴러가는 기차라니… 한글을 처음 배우는 아이가 형용사가 적힌 낱말카드를 바닥에 착착 배열하는 모습이 떠오릅니다. 뉴런의 숲에 잠들어 있던 단어들이 불시에 출동 명령을 받고 눈 비비며 불려 나오는 모습이 그려지지 않는지요? 신기하게도 끝말잇기하듯 형용사를 배열하는 것만으로 다양한 감정과 감각이 촉발됩니다.

'긴 긴 긴'은 '두려운'을 데리고 나오고 '이상한'은 '징그러운'을 불러냅니다. '시끄러운'은 '미끄러운'으로 빨려 들어가고 '막막한'은 '광대한 검은'으로 번집니다. '바쁜'은 '가쁜'의 옆구리를 찌르고 '슬픈 슬픈 슬픈'은 잠들어 있던 '노여운'을 깨웁니다. '노여운'을 불쏘시개 장작으로 태우며 기차가 굴러갑니다.

《사랑이 죽었는지 가서 보고 오렴》이라는 시집에서 이 시의 바로 뒤에 실린 박연준 시인의 다른 시 〈사랑으로 치솟는 명사〉에는 '고양이 점프 발 / 창문 창문 창문 / 솜 / 구름 / 방망이…'로 이어진 또 한 편의 귀여운 시가 나옵니다. 시인에 의하면 형용사는 기차를 굴리며 나아가고 명사는 사랑에 의해 솟구칩니다.

불투명하고 모호한 감정을 불러내는 것이 언어입니다. 언어가 호명하는 감정에 대해서 고(故) 이어령 선생은 김소월의 시 〈가는 길〉을 예로 들며 말씀하셨지요. '그립다 말을 할까 하니 그리워'. 그립다고 말을 하니, 그리워지는 것이라고요. 감각과 감정은 몸 속에서 꼬물거리기도 하고, 스윽 몰려오기도 하지만, 그것을 언어로 붙잡아 정의하기 전까지는 불분명한 조형입니다. 내가 형용사로, 동사로, 명사로 '명명' 해줄 때, 그 느낌은 조형을 갖춘 분명한 감정, 정밀한 감각으로 내 몸에 정확히 웅크립니다.

'슬프다'고 하면 순식간에 목울대가 뻑뻑하게 조여오고, '두렵다'고 하면 눈 앞에 좁은 동굴이 만들어집니다. '괜찮아'라고 하면 돌고래가 물숨을 쉬고, '답답해'라고 하면 사방에 거미줄이 쳐집니다. 나의 기쁨, 나의 슬픔으로 들어가 단어를 몇 개 늘어놓는 것만으로 나의 마음은 유일무이한 시로 조형됩니다.

두근두근, 둥둥둥, 물, 햇살, 잠기다, 부드러움, 보드라움의 언니, 숨, 까르르, 쑤욱, 너 너 너, 언젠가, 은발, 차르르, 눈부셔, 안녕.

두 살 아이의 입 속에서 꼬물꼬물 언어가 터지듯, 어른도 마구잡이로 동사, 형용사, 명사를 배열하다 보면 나의 '시인됨'에 깜짝 놀랄 겁니다. 더 나아가 이야기를 쓰고 싶다면 부사의 도움을 받는 것도 좋습니다.

일단 백지 위에 '도무지, 문득, 어쩌자고, 어찌하여'만 써놓아도 뒷말이 스르륵 달려옵니다. 가수 양희은은 '사랑 그 쓸쓸함에 대하여'가 '도무지'가 만들어낸 노래라고 했습니다. 도무지 모르겠다, 도무지 모르겠다,고 되뇌었더니 도무지가 뒷말을 끌고 오더라고요.

'도무지 알 수 없는 한 가지, 사람을 사랑한다는 그 일,
참 쓸쓸한 일인 것 같아'

AI가 시도 쓰고 소설도 쓰는 시대지만(심지어 더 빠르고 그럴싸하게 씁니다), 언어로 짠 자의식을 허락받았기에 인간은 진짜 같은 가짜를 구별합니다. 그것이 뇌에 새겨진 자기다움의 윤리겠지요.

수묵 정원 9 - 번짐

장석남

번짐,
목련꽃은 번져 사라지고
여름이 되고
너는 내게로
번져 어느덧 내가 되고
나는 다시 네게로 번진다
번짐,
번져야 살지
꽃은 번져 열매가 되고
여름은 번져 가을이 된다
번짐,
음악은 번져 그림이 되고
삶은 번져 죽음이 된다
죽음은 그러므로 번져서
이 삶을 다 환히 밝힌다
또 한번-저녁은 번져 밤이 된다
번짐,
번져야 사랑이지
산기슭의 오두막 한채 번져서
봄 나비 한 마리 날아온다

번짐의 기적

번진다는 게 이렇듯 아름다운 동사인 줄 처음 알았습니다. '목련꽃이 번져 사라지고, 여름이 되고'에서부터 이 시는 감쪽같은 특수효과를 보여주는 영화의 신(Scene)처럼 매끄럽게 다음 행으로 번져갑니다. 여름이 번져 가을이 되려면 여름이 얼마나 적시에 겸허히 물러서야 할 것이며, 내가 너에게 번지려면 그 열정의 속도가 얼마나 빨라야 될까요.

음악이 번져 그림이 되려면 물랭루주의 무희를 그린 화가 로트레크처럼 손으로 시간의 춤을 춰야겠고, 저녁이 번져 밤이 되려면 어둠의 혈관이 얼마나 깊게 공기 속으로 스며들어야 할까요.

아! 장석남은 얼마나 맑은 눈으로 세상을 살았기에 이렇게 세상의 사물이 마음 안으로 번져올까요. 그래서 그의 언어는 몇 개만 백지에 부려놓아도 번져서 시가 됩니다.

그를 처음 만났을 때 장석남은 마치 땅이 다칠까 봐 조심스러워하는 사람 같았지요. 또 한 번 그 비슷한 사람을 만난 적이 있는데, 다름 아닌 소설가 한강이었습니다. 한강의 소설 《바람이 분다, 가라》에서 나는 너무 멋진 그림 한 점을 보았습니다. 화가 한은선의 수묵화를 설명하며 그녀는 한지에는 모세혈관과 같은 무수한 섬유질의 길이 있다고 말합니다. 수묵화는 물이 그리는 것이고, 화가는 물을 잘 흘러가도록 터주고 막아주는 것이라고. 그림이 번져 글이 되고 글이 번져 그림이 되는 기적을 나는 거기서 보았습니다.

사람이 번져 인연이 되듯, 얼마 후 화가 한은선을 만났고, 그녀의 그림에서 먹이 한지에 번져 회오리치는 별로 탄생하는 과정을 지켜보았습니다. 아! 번지는 건 죽는 것이고 새로 사는 것이고 변화하는 것이고, 소통하는 것이며, 시간이 부쩍 흐르는 것이고, 깊어지는 것이고, 나타나는 것이고, 겹쳐지는 것이며, 창조하는 것입니다.

물감이 삼투압의 농도로 물길을 따라 흐르고 합쳐지듯 '번져야 살지, 번져야 사랑이지'라는 문장을 읽을 때마다 나는 얼마나 잘 번지는 인간이었나 싶어 반성하게 됩니다.

혹 물길을 훼방하는 돌부리는 아니었기를.

"나는 다시
네게로
번진다"

# 3부 슬픔을 공부하는 마음

어두워지기 전에

한강

어두워지기 전에
그 말을 들었다.

어두워질 거라고.
더 어두워질 거라고.

지옥처럼 바싹 마른 눈두덩을
너는 그림자로도 문지르지 않고
내 눈을 건너다봤다,
내 눈 역시
바싹 마른 지옥인 것처럼.

어두워질 거라고.

더 어두워질 거라고.

(두려웠다.)
두렵지 않았다.

한강의 눈꺼풀

한강이 노벨문학상을 받았습니다. 2024년, 노벨문학상을 받은 한강을 보며 2016년, 맨부커상을 받았을 때의 한강을 떠올렸습니다. 수묵화처럼 담백한 표정에 흰 머리카락이 몇 가닥 더 생긴 것 말고는 큰 변화가 없었습니다.

그동안 저는 한강을 세 번 만났습니다. 《바람이 분다, 가라》라는 소설이 나온 후에 한 번, 그리고 자신이 교수로 있는 서울예대 학생들을 위해 강의를 제게 요청해서 한 번, 맨부커상을 받고 돌아온 기자회견장에서 또 한 번. 만나기 전 그에게 채식에 관한 글을 청탁하기 위해 전화를 건 적이 있었습니다. 한강은 자신이 다른 소설 준비로 마음이 곤혹스럽다고 했습니다. 그런데 그 어조가 마치 빌린 돈을 갚지 못해서 송구스럽다는 투였습니다. 죄책감이 들 만큼 작고 섬세한 목소리라 나도 '괜찮다고, 부자가 되면 갚으라'는 관대한 마음으로 수화기를 내려놓았습니다.

그 글 빚은 그 달에 한강의 아버지인 소설가 한승원 선생(〈해변의 길손〉으로 이상문학상 수상)이 대신 갚아주었습니다. 제목은 〈빛 속에 숨은 어둠을 밝히는 딸, 한강에게〉였습니다.

> 첫 새벽에 깨어 일어났다. 아침까지 써주지 않으면 안 되는 원고가 있다… 평생 갚아야 할 원고 빚을 떠안고 살아야 하는 운명. 그것을 우리 또래 작가들은 천형이라 말한다… '내 딸 강을 작가로 만든 것이 무엇일까?'

> 하고 생각할 때가 있다. 어린 시절 유쾌한 일이 있을 때, 너는 두 눈이 모두 감기도록 입을 한껏 벌린 채 활짝 웃곤 했다. 그것은 한아름의 흰 꽃묶음이었다… (중략)

그를 볼 때마다 저는 그의 얇은 눈꺼풀이 가장 먼저 눈에 들어왔습니다. 때론 어둠의 닻으로 때론 빛의 돛으로 움직이는 그의 얇은 눈꺼풀은 늘 세계를 항해하느라 예민하게 떨렸고, 완전히 닫거나 열지 않은 채였습니다. 사람들이 폭력의 어둠에 눈 감으려 할 때, 서로를 향한 염려의 빛을 보지 못할 때마다, 그의 눈꺼풀은 언어라는 빛의 실로 우리를 이어주기 위해 아름다운 모스 부호로 진동했습니다.

그렇게 빛 속의 숨은 어둠을 세고 있는 한강 작가의 눈꺼풀을 떠올리며, 무엇보다 노벨문학상 시상식에서 한강이 발표한 아름다운 강연과 소감 전문을 전 국민이 읽을 수 있었던 것이 2024년 연말의 가장 큰 행운이었음을 고백합니다. 그 글에는 한강이 감지해온 빛과 어둠이 씨실과 날실처럼 정교한 태피스트리를 이루고 있었습니다. 경계지에서 파르르 떨었던 그 눈꺼풀의 질문을 받아 적어봅니다.

> 이 세계에서 우리가 끝끝내 인간으로 남는다는 건 얼마나 어려운 일일까?
> 세계는 왜 이토록 폭력적이고 고통스러운가? 동시에

> 세계는 어떻게 이렇게 아름다운가?
> 현재가 과거를 도울 수 있는가? 산 자가 죽은 자를 구할 수 있는가?

그 과정에서 한강은 두 개의 질문 순서를 바꿉니다.
과거가 현재를 도울 수 있는가? 죽은 자가 산 자를 구할 수 있는가?

질문을 바꾸자 확실히 느낄 수 있었다고 했습니다. 쓰면 쓸수록 과거가 현재를 돕고, 죽은 자가 산 자를 구하고 있다는 사실을.

한강의 시는 한강의 소설을 압축해 놓은 강렬한 예지로 번뜩입니다. 어쩌면 시인 한강은 소설가 한강에 앞서 길을 트고 단어를 고르는 사람일지도 모르겠습니다. 〈어두워지기 전에〉라는 시는 서사가 태동하기 전 씨앗 같습니다. 저는 '한강의 세계'가 조형되어 가는 무의식의 과정으로 이 시를 읽었습니다.

> 어두워질 거라고.
>
> 더 어두워질 거라고.
>
> (두려웠다.)
> 두렵지 않았다.

슬픔이 없는 십오 초

심보선

아득한 고층 아파트 위
태양이 가슴을 쥐어뜯으며
낮달 옆에서 어찌할 바를 모른다
치욕에 관한 한 세상은 멸망한지 오래다
가끔은 슬픔 없이 십오 초 정도가 지난다
가능한 모든 변명들을 대면서
길들이 사방에서 휘고 있다
그림자 거뭇한 길가에 쌓이는 침묵
거기서 초 단위로 조용히 늙고 싶다
늙어가는 모든 존재는 비가 샌다
비가 새는 모든 늙은 존재들이
새 지붕을 얹듯 사랑을 꿈꾼다
누구나 잘 안다 이렇게 된 것은
이렇게 될 수밖에 없던 것이다
태양이 온힘을 다해 빛을 쥐어짜내는 오후
과거가 뒷걸음질 치다 아파트 난간 아래로
떨어진다 미래도 곧이어 그 뒤를 따른다
현재는 다만 꽃의 나날 꽃의 나날은
꽃이 피고 지는 시간이어서 슬프다
고양이가 꽃잎을 냠냠 뜯어먹고 있다
여자가 카모밀 차를 홀짝거리고 있다
고요하고 평화로운 듯도 하다
나는 길 가운데 우두커니 서 있다

남자가 울면서 자전거를 타고 지나간다
궁극적으로 넘어질 운명의 인간이다
현기증이 만발하는 머릿속 꿈동산
이제 막 슬픔 없이 십오 초 정도가 지나갔다
어디로든 발걸음을 옮겨야 하겠으나
어디로든 끝간에는 사라지는 길이다

키리코의 그림과 함께한 십오 초

#1

불길한 초현실주의자 조르조 데 키리코의 〈The Mystery and Melancholy of a Street〉라는 그림이 떠오릅니다. 강렬한 빛을 받은 하얀 건물과 어둠에 잠긴 또 다른 건물, 그 밝은 사잇길에 소녀가 굴렁쇠를 굴리며 힘차게 들어섭니다. 대낮의 길은 샛노란데 저 멀리서 낯선 그림자 하나가 이쪽으로 다가옵니다. 머지않아 길들이 사방에서 휘고 소녀의 굴렁쇠는 굴러 떨어질 운명입니다. 기하학적인 정확한 기법에도 불구하고 키리코는 불확실함과 불안으로 가득한 정물화와 풍경화를 그렸습니다. 키리코의 그림과 심보선의 시는 서로 제목을 바꿔도 좋겠습니다.

#2

슬픔이 없는 십오 초라니 얼마나 '놀라운' 제목인가요.
시인은 우주가 전해준 감정을 대필할 뿐이다, 라고 시인 안도현은 말했습니다. 이 시에는 우주가 전해준 감정과 이미지들이 사방에서 난무합니다. 태양이 가슴을 쥐어뜯으며 낮달 옆에서 어찌할 바를 모릅니다. 이런 날을 조심해야 합니다. 이런 날은 〈태양은 가득히〉에서 알랭 들롱이 바다 위에서 친구를 죽인 날이고, 《이방인》에서 뫼르소가 아랍인을 살해한 날입니다. 궁극적으로 넘어질 운명의 인간이 보이는 날이지요.

이렇게 된 것은 이렇게 될 수밖에 없었던 운명. 길들은 사방에서 휘고 늙어가는 모든 존재에는 비가 새고, 과거와 미래는 아파트 난간 밑으로 추락합니다. 고양이는 꽃잎을 뜯고 여자는 카모마일 차를 마시고 남자는 울면서 자전거를 타고 지나갑니다. 가장 가슴이 아픈 모습은 남자가 울면서 자전거를 타고 지나가는 장면입니다. 하지만 남자가 정말 울면서 자전거를 타고 갔을지는 모르는 일입니다.

#3

어쨌든 염세주의의 극을 향해 달리는 이 시를 읽으면서 이상한 위로를 받습니다. 슬픔은 때로는 슬픔으로 위로받지요. 아주 극한의 절망에 빠졌을 때 이 시를 읽어보세요. '가끔은 슬픔 없이 십오 초 정도가 지나간다'부터 '이제 막 슬픔 없이 십오 초 정도가 지나갔다'를 읽기까지 15초 정도가 흐릅니다.

그 15초 정도쯤 시가 선물하는 몽환과 비탄에 빠져 있어도 좋을 일입니다.

길을 잃다

이병승

백 원 주고 빌려 탄 삼천리 자전거
여의도도 가고
봉천동 고개도 넘으며
그때 내가 원한 건
길을 잃어보는 것이었다

생전 보도 못한 새로운 길
결코 돌아올 수 없는 머나먼 모험의 길
하지만 아무리 페달을 밟고
핸들을 돌려도
돌아오는 길은 너무나 선명해서
길을 잃는다는 작전은
늘 실패였다

마음은 길을 잃고 싶어도
머리는 이미 돌아올 길을 계산하고 있었다는 걸
마흔 넘은 이제야 알았다

돌아올 수 없는 길은 가지 않았으므로
진짜 가고 싶었던 길은
영영 잃어버렸다는 것을

발자국이 찍히길

어릴 때 이후 처음 자전거 안장에 앉아 보았습니다. 잠시 휘청거리다가도 몸이 이내 무게 중심을 잡는 것이 놀랍더군요. 두 손을 벌려 핸들을 쥐고, 두 발로 노를 젓듯 페달을 밀며 앞으로 나아갈 때의 그 흥분!

"어! 내가 자전거를 탈 줄 알았네."

내 몸에 아로새겨진 두 바퀴의 기억에 감탄했습니다.
몸의 기억력은 이토록 탁월하고, 몸의 반응은 참으로 정직해서 거짓말을 하는 법이 없지요.

자전거도 타본 사람이 탈 줄 아는 것처럼, 길도 잃어본 사람이 잃을 줄 압니다.

허공에 던져져도 금세 손아귀로 다시 돌아오는 요요처럼, 우리 몸 어딘가에도 자전거 바퀴가 끊어낼 수 없는 질긴 고무줄이 달려 있었나 봅니다.

어쩌면 사는 동안 내내 동화 《헨젤과 그레텔》의 헨젤처럼, 길을 잃을까 두려워 자전거 바퀴 자국마다 하얀 조약돌을 뿌리고 다녔는지도 모르지요.

이제는 휴대폰 지도가 손 안에 쥐어져 천지사방 모르는 곳에 가도 길 잃을 염려는 없습니다.

그렇게 휴대폰 액정 속 지도에만 눈을 맞춘 채 사람들의 뒷모습만 쫓으며 걷다, 어느 날 막다른 골목에서 이 시의 마지막 문장과 만났습니다.

돌아올 수 없는 길은 가지 않았으므로
진짜 가고 싶었던 길은
영영 잃어버렸다는 것을

길을 잃지 않으려 안간힘을 쓰다가, 정작 내 발자국이 찍히길 기다리는 길은 디뎌보지도 못했구나.

시인의 통찰에 가슴이 미어집니다. 그리하여 내 나이 마흔이 훌쩍 넘었으나, 해 질 녘 어느 봄날, 가보지 않은 길을 향해 자전거 핸들을 틀어보렵니다. 휴대폰 전원은 잠시 꺼둔 채 말이지요.

"결코
돌아올 수 없는
머나먼 모험의 길"

슬픔은 자랑이 될 수 있다

박준

철봉에 오래 매달리는 일은
이제 자랑이 되지 않는다

폐가 아픈 일도
이제 자랑이 되지 않는다

눈이 작은 일도
눈물이 많은 일도
자랑이 되지 않는다

하지만 작은 눈에서
그 많은 눈물을 흘렸던
당신의 슬픔은 아직 자랑이 될 수 있다

나는 좋지 않은 세상에서
당신의 슬픔을 생각한다

좋지 않은 세상에서
당신의 슬픔을 생각하는 것은

땅이 집을 잃어가고
집이 사람을 잃어가는 일처럼
아득하다

나는 이제
철봉에 매달리지 않아도
이를 악물어야 한다

이를 악물고
당신을 오래 생각하면

비 마중 나오듯
서리서리 모여드는

당신 눈동자의 맺음새가
좋기도 하였다

슬픔은 자랑

이 시는 한 구절 한 구절이 아름답습니다. 특히나 저처럼 슬픔을 거름으로 삼고 자란 사람에게는. 돌이켜보면 연민에 가득 차 끝도 없이 미워하고 슬퍼했기에, 유년 시절부터 매사 우울하긴 했으나 절망하진 않았습니다.

철학자 전헌 선생은 당신의 저서 《다 좋은 세상》에서 '슬픔이 나를 지킨다'고 했습니다. '슬픔에 다치지 않으려면 슬픔이 나를 지켜준다는 사실을 알면 된다'고요. 엄마를 믿고, 엄마 앞에서 목을 놓아 우는 아이들은 어느새 잠도 잘 자고 잘 놀고 잘 배우며 자랍니다. 반면 슬픔을 통제하면 아이들은 망가진다지요.

시인은 말합니다.

'좋지 않은 세상에서 당신의 슬픔을 생각한다'고.

'작은 눈에서 그 많은 눈물을 흘렸던 당신의 슬픔은 아직 자랑이 될 수 있다'고.

이 시를 읽으면, '비 마중 나오듯 서리서리 모여드는' 그 울음의 순간을 누군가 지켜보고 있었다는 사실, 그게 얼마나 큰 안도가 되던지요. 진공 상태에서 혼자 울지 않았다는 것이 새삼스레 얼마나 기쁜지요. 나의 슬픔에, '당신의 슬픔'이라고 이름표를 붙여줄 수 있는 그 누군가가 있었다는 사실이 얼마나 큰 격려가 되던지요.

나의 슬픔은 나의 것입니다. 하지만 누군가가 내 뜨거운 눈물의 비바람을 다 맞아줄 때, 온 힘으로 묵묵히 버텨줄 때 비로소 나의 슬픔은 나의 자랑, 나를 지키는 힘이 될 수 있겠지요.

"이를 악물고
당신을
오래 생각하면"

교조

송경동

나는 이제 당신에게
내가 느낀 그 어떤 것도
솔직하게 말하고 싶지 않아요
문득문득 나도 양지가 그리웠다는 이야기를
당신에게 해주기 싫어요
당신이 얼마나 깨끗한 영혼인지 증명하기 위해
내가 얼마나 병든 영혼인지를 내보이고 싶지 않아요
모든 게 다 이해되고
모든 게 다 해석되는 당신에게
그 무엇도 모르겠는 이 답답함을
더는 상의하고 싶지 않아요
그 모든 고백이 당신 가슴께로 가지 않고
차디찬 머리로 갈 거니까요
당신은 친구의 말을
진술로 받아들이죠
친구의 눈물을 혐의로 받아들이죠
당신은 하나의 틀만 가지고 있는데
내 열망과 상처는 수천만갈래여서
이제 당신에게 다가갈 수 없군요

답답함과 굳은 마음 사이

송경동 시인은 어느 기고문에서 자신의 젊은 날 직업이 시인이 아닌 텔레마케터였다,고 고백한 적이 있습니다. 잠시 옮겨 보면 이렇습니다.

'생각하니 젊은 날 내 직업은 시인이 아닌 텔레마케터였다. 기륭전자 비정규직 투쟁을 할 때는 한 달 전화비가 30만 원이 넘어가고, 용산참사 때는 줄이고 줄여 15만 원 선이었다. 희망버스 때는 기억도 없다. 무제한 69요금제가 나왔을 때 얼마나 기쁘던지. 근래에도 하루 '영업용' 문자 전송 500통을 넘겨 며칠씩 문자 사용 자동 정지를 당하기도 한다.'

시인은 우리 사회 비정규직 노동자와 해고자들이 처한 깊은 어둠에 대해, 굴뚝 위 농성자들이 느낀 타는 목마름에 대해, 그들의 목소리를 대신해 오래도록 비명과 절규를 담은 시를 써왔습니다. 그리고 고통당하는 자의 이야기를 세상에 알리기 위해 주저 없이 전화기를 들었을 것입니다.

예상하건데 〈교조〉라는 시는 그런 그가 수없이 끌려가서 진술했을 경찰서의 취조실을 배경으로 하고 있을 테지만, 한편으로 그런 비명과 절규를 반사시켰을, 우리 사회의 딱딱하게 굳은 가슴에도 향해 있습니다. 그렇다면 나는 과연 교조가 아니라고 뒷걸음질 칠 수 있을까요. 공감이 부족한 가슴은 누구에게나 교조이지요.

'모든 게 다 이해되고 모든 게 다 해석되는 당신에게 그 무엇도 모르겠는 이 답답함을 더는 상의하고 싶지 않아요. 그 모든 고백이 당신 가슴께로 가지 않고 차디찬 머리로 갈 거니까요.'

이 구절을 읽다 보면 부모의 얼굴도, 상사의 얼굴도, 애인의 얼굴도, 선배나 친구, 동료의 얼굴도 떠오릅니다. 더불어 나 스스로도 나에게 혹은 타인에게, 딱딱한 교조인 적이 얼마나 많았을까요.

시인의 말처럼 자타가 구별된 인간이기에 결코 모든 다 이해되고, 모든 다 해석될 수 없습니다. 수천수만 갈래로 가는 열망과 상처를, 그 온전한 감정을 눈으로 보듬어 가만히 헤아려볼 밖에요.

PS
그럼에도 불구하고 말을 진술로,
눈물을 혐의로 받아들이는 자 앞에서
우리가 할 수 있는 유일한 항변은 침묵입니다.

"내가
얼마나
병든 영혼인지를"

오래된 기도

이문재

가만히 눈을 감기만 해도
기도하는 것이다.

왼손으로 오른손을 감싸기만 해도
맞잡은 두 손을 가슴 앞에 모으기만 해도
말없이 누군가의 이름을 불러주기만 해도
노을이 질 때 걸음을 멈추기만 해도
꽃 진 자리에서 지난 봄날을 떠올리기만 해도
기도하는 것이다.

음식을 오래 씹기만 해도
촛불 한 자루 밝혀놓기만 해도
솔숲 지나는 바람 소리에 귀기울이기만 해도
갓난아이와 눈을 맞추기만 해도
자동차를 타지 않고 걷기만 해도

섬과 섬 사이를 두 눈으로 이어주기만 해도
그믐달의 어두운 부분을 바라보기만 해도
우리는 기도하는 것이다.
바다에 다 와가는 저문 강의 발원지를 상상하기만 해도
별똥별의 앞쪽을 조금 더 주시하기만 해도
나는 결코 혼자가 아니라는 사실을 받아들이기만 해도
나의 죽음은 언제나 나의 삶과 동행하고 있다는
평범한 진리를 인정하기만 해도

기도하는 것이다.
고개 들어 하늘을 우러르며
숨을 천천히 들이마시기만 해도.

눈을 감거나 천천히

하이든의 '천지창조'를 들을 때마다 태초에 '빛이 있으라' 하니 '빛이 있었다'라는 어마어마한 구절을 떠올리며 몸서리를 치곤 했습니다. 흑암을 깨는 명령 '빛이 있으라'와 '빛이 있었다'는 창조 사건 사이에 존재했을 알파와 오메가의 시간. 순간이면서 영원인 그 시간. 눈 깜짝할 사이에 어둠의 심연에서 빛이 폭발한 그 시간. 우주의 한편에서 발생한 기적의 순간.

우리에게도 그런 시간, 그런 순간이 있으니, 시인은 그것을 '기도의 시간'이라고 부릅니다.

신은 어둠에서 빛으로 우주의 감은 눈꺼풀을 들어 올렸으나, 우리는 빛에서 어둠으로 눈꺼풀을 덮으며 그 일을 합니다.

시인은 말합니다.
'가만히 눈을 감기만 해도 기도하는 것이다.'라고.
어쩌면 시 안에서 형상화되는 기도의 시간이란 다름 아닌 꽃이 피고, 해가 지고, 아이가 웃고, 바람이 불고, 밥을 먹고, 촛불을 켜고, 별똥별이 떨어지는…, 시간과 생명이 그 정연한 질서대로 움직인다는 것을 깨닫고 잠시나마 집중하는 시간일 겁니다.

시인은 속삭입니다.
'말없이 누군가의 이름을 불러주기만 해도, 노을이 질 때 걸음을 멈추기만 해도, 꽃 진 자리에서 지난 봄날을 떠올리기만 해도, 기도하는 것이다.'라고.

한편으로 기도는 엄정한 창조 노동 후, '보시기에 좋았더라'는 신의 흐뭇한 감정의 동감이 아닐까 하는 생각도 듭니다. 세계가 악하고, 내 존재마저 해롭게 느껴질 때, '신은 실수가 없으시다'는 말에 위로받곤 했으니까요. 시인처럼 그렇게 눈을 감거나, 천천히 숨을 쉬어보면서 말이지요.

화

도종환

욕을 차마 입 밖으로 꺼내 던지지 못하고
분을 못 이겨 씩씩거리며 오는데
들국화 한무더기가 발을 붙잡는다
조금만 천천히 가면 안되겠냐고
고난을 참는 것보다
노여움을 참는 게 더 힘든 거라고
은행잎들이 놀란 얼굴로 내려오며 앞을 막는다
욕망을 다스리는 일보다
화를 다스리는 게 더 힘든 거라고
저녁 종소리까지 어떻게 알고 달려오고
낮달이 근심 어린 낯빛으로 가까이 온다
우리도 네 편이라고 지는 게 아니라고

화가 난 내 앞에서

삼십 대 시절, 내 별명은 '김나와' 혹은 '가습기'였습니다. 수시로 화가 치밀어 오르니 머리가 뜨거워지고 온몸으로 스팀을 뿜어댔지요. 아! 세상은 왜 이다지도 나에게 적대적일까? 절 잘못 건드렸다가 분출하는 열기에 주변에선 화상을 입기 일쑤였지요.

화가 난 우리의 얼굴은 쉽게 달아오르고, 눈은 이글거리며, 머리와 코에서는 김이 나고, 목소리는 자주 떨립니다. 사무실에서, 거실에서 백화점과 레스토랑에서 분노에 찬 사람과 마주치고, 분노에 차서 친구의 '뒷담화'를 해대고, 분노를 삭이기 위해 종이컵을 구겨버리며, 분노에 차서 어리석은 담화문을 발표하는 정치인을 비웃고, 때로는 차갑게 때로는 뜨겁게 또박또박 분노를 폭발시키는 김수현 드라마의 여주인공에게 박수를 보냅니다.

불현듯 세상은 부글부글 끓는 분노의 수프 같다는 생각이 듭니다.

사실 '앵거 매니지먼트' 분야에 있어서만큼은 전문가라고 자처할 만큼 많은 프로그램에 참여했습니다. 직장 선배에게로 향하는 분을 참지 못해 사이코드라마 무대에서 역할 연기도 해보았고, 친척들을 향한 억눌린 분노를 해결하기 위해 심리 상담사에게 최면 치료를 받으며 '눈썹 타는 냄새가 난다는 등'의 공갈도 쳐봤습니다. 후배와 동료, 가족에 대한 화를 참지 못해 명상과 선(주로 기억을 지우거나 생각을 멈추고, 호흡 조절로 화를 해소시키는 방법 등)에 몰두하기도 했지요.

하지만 '분노를 없애는 방법'에만 초점이 맞춰져 있는 그 프로그램들은 '한 달에 10kg 감량'을 약속하는 단기 다이어트 센터 같았습니다. 당장의 효과는 있지만 '분노의 요요현상'은 반복되게 마련이니까요. 어쩌면 화를 없애는 것 자체가 불가능해 보였습니다. 화는 거대한 에너지 덩어리처럼 보여서, 기실 교양과 매너로 포장해도 비아냥거리는 눈빛이나 상대방에게 죄책감을 불러일으키는 한숨 같은 것들로 비어져 나오곤 했지요.

그러다 이 시를 만났습니다. 화가 난 내 앞에서 서성이는 자연의 심리치료사들을. 발목을 잡는 들국화와 놀라서 떨어지는 은행잎과 한달음에 달려오는 종소리와 근심 어린 낯빛의 낮달을. 그들은 섣불리 화를 없애라고 이야기하지 않습니다.
    그저 가만히 속삭입니다. 고난을 참는 것보다 노여움을 참는 게 더 힘든 거라고, 욕망을 다스리는 일보다 화를 다스리는 일이 더 힘든 거라고, 우리도 네 편이라고, 지는 게 아니라고.
    참 신기하지요. 화를 다스리는 일이 그렇게 힘든 거라고, 고난이나 욕망을 상대하는 것보다 버거운 일이라고 하니, 신기하게도 겨울 산불처럼 일던 화가 조금씩 가라앉습니다.

"조금만
천천히 가면
안 되겠냐고"

질투는 나의 힘

기형도

아주 오랜 세월이 흐른 뒤에
힘없는 책갈피는 이 종이를 떨어뜨리리
그때 내 마음은 너무나 많은 공장을 세웠으니
어리석게도 그토록 기록할 것이 많았구나
구름 밑을 천천히 쏘다니는 개처럼
지칠 줄 모르고 공중에서 머뭇거렸구나
나 가진 것 탄식밖에 없어
저녁 거리마다 물끄러미 청춘을 세워두고
살아온 날들을 신기하게 세어보았으니
그 누구도 나를 두려워하지 않았으니
내 희망의 내용은 질투뿐이었구나
그리하여 나는 우선 여기에 짧은 글을 남겨둔다
나의 생은 미친 듯이 사랑을 찾아 헤매었으나
단 한번도 스스로를 사랑하지 않았노라

질투의 열정

기형도의 〈질투는 나의 힘〉은 너무도 유명합니다. 동명의 영화도 있지요. 〈질투는 나의 힘〉 영화가 나왔을 때 여주인공 배종옥을 인터뷰 했었습니다. 그녀와 함께 기형도의 시를 낭송했습니다. 은쟁반에 녹색콩이 튀어 오르는 듯한 목소리로 그녀는 시를 읊었습니다.

> 그 누구도 나를 두려워하지 않았으니
> 내 희망의 내용은 질투뿐이었구나
> ……
> 나의 생은 미친 듯이 사랑을 찾아 헤매었으나
> 단 한번도 스스로를 사랑하지 않았노라

청춘을 돌아보니 내 희망의 내용은 질투뿐이었고, 단 한 번도 스스로를 사랑하지 않았노라니….

이 얼마나 심오한 심리학적 고백인가요.

대학 방송국에서 아나운서를 하던 시절에, 가장 친한 동기가 가을 축제 가요제의 메인 MC로 캐스팅 됐을 때 나는 시샘이 나서 딱 그만두고 싶었습니다.

> '내가 저 자리에 섰어야 했는데….'

리허설 중 그녀가 무대에서 넘어지는 사고를 당했을 때는 나는 속으로 환호성을 질렀습니다. 겉으론 걱정스러운 듯, 그녀를 부축하고 수발을 들었는데, 나중에 무대 뒤에서 후배가 그러더군요.

"아휴, 언니는 참, 욕심도 없어요?
이런 기회가 또 없는데…."

그때 그 후배가 왜 그리 고마웠던지. 아! 돌아보니 기형도 시인의 말대로 내 희망의 내용은 질투뿐이었습니다. 그렇게 질투는 벌거벗은 감정입니다. 우리 모두 자신이 가지지 못한 것들 때문에 괴로워하지요. 저마다 그 질투의 괴로움을 어떻게 처리하는가가 삶에서 커다란 문제가 아닐 수 없습니다.

이십 대 시절 내가 질투한 사람은 주로 당대에 이름을 얻은 유명 문인과 영화감독이었습니다. 가령 김훈의 아스라한 문장이나 왕가위의 컬러풀하고 스피디한 스크린을 보며 불같은 질투를 느꼈는데, 죽었다 깨어나도 저런 건 못 만들겠다는 좌절과 슬픔이었습니다. 아마 당대의 예술가들을 경쟁자로 보고 하루 빨리 그들을 앞서가리라는 가상한 꿈을 꾸었기 때문이겠지요.

내가 질투하는지도 모르는 당대의 예술가들은 잘나갔고, 나는 그나마 창조적인 질투의 에너지로 그들이 이루어낸 업적을 경탄하는 '기자'라는 일을 하게 되었습니다. 그렇게 본격적인 사회인이 되고부터 우리는 진정한 '질투의 경합장'

에 들어서게 됩니다. 특히 직장은 질투와 시기라는 보이지 않는 레이저 장막이 촘촘하게 쳐진 전쟁터. 실적을 내는 동료를 보면서 일에 더 매진하기도 하지만, 그 갭이 너무 클 경우 '마음의 사표'를 내기도 하지요.

우리는 질투를 극복하기 위해 채워지지 않는 욕망과 힘들게 싸웁니다.

비욘세 놀즈와 제니퍼 허드슨이 출연한 뮤지컬 〈드림걸즈〉는 예쁘고 몸매 좋은 친구에게 메인 보컬 자리를 뺏긴 가창력 있는 여가수의 질투심을 생생하게 보여줍니다. 영화는 자신과 타인의 시기심을 어떻게 다뤄야 할지 보여주는 성공적인 샘플입니다.

우리 모두 질투에서 자유로울 수 없습니다. 하지만 질투하는 우리가 불행해지지 않으려면 동시에 자신의 결핍과 맞서야 합니다. 자신이 가진 능력 가운데 현실적으로 정한 목표를 성취할 수 있는 능력도 분별해 내야겠지요. 무엇보다 성숙하게 다른 사람을 인정하면서요.

진정으로 '질투는 나의 힘'이기 위해서 말입니다.

침대를 타고 달렸어

신현림

누구나 꿈속에서 살다 가는 게 아닐까
누구나 자기 꿈속에서 앓다 가는 거
거미가 거미줄을 치듯
누에가 고치를 잣듯
포기 못할 꿈으로 아름다움을 얻는 거

슬프고, 아프지 않고
우리가 어찌 살았다 할 수 있을까
우리가 어찌 회오리 같은 인생을 알며
어찌 사랑의 비단을 얻고 사라질까

돌침대와 라텍스

아버지가 돌침대를 샀습니다. 나는 라텍스침대를 샀습니다. 아버지가 허리가 아파 척추 수술을 받으시는 동안 나는 나이 마흔에 임신을 해서 남산만 한 배를 뒤척이며 낡은 침대에서 낑낑댔습니다. 아버지는 물러진 허리 때문에 딱딱한 돌침대가 필요했고, 나는 불러온 배 때문에 푹신한 새 침대가 필요했습니다. 아버지는 울산에 계셨고 나는 서울에 있었습니다. 아버지는 허리가 아파서 침대에 누워 계셨고, 나는 노산이어서 침대에 누워 있었습니다.

"입덧은 안 하나?" 아버지의 목소리가 침대를 타고 달려왔습니다.

"네. 아버지, 허리는 괜찮으세요?"

내가 다시 침대를 타고 달려갔습니다. 서울에서 울산까지 400km. 각자 침대칸에 누워 우리는 다정해 보였습니다.

"늙어서 그렇지." 아버지가 숨이 차서 헉헉대셨습니다.

"부탁 하나 하자. 냉면 좀 사서 보내다우!"

그해 여름, 나는 임신은 했지만 입덧은 없었기에, 때늦은 입덧을 하는 아버지에게 냉면을 스무 개나 사서 보내드렸습니다. 아버지는 돌침대에 앉아 내가 보낸 냉면을 다 드셨습니다. 생각해 보면 그때까지 아버지의 침대와 나의 침대는 강 이편과 저편을 달렸습니다. 성인이 된 이후로 나는 아버지의 침대 쪽으로 건너가지 않았습니다. 아버지의 자식으로 태어난 게 싫어 자식을 낳지 않고 버텼습니다. 40년의 광야를 변변한 침대 하나 없이 헤매다, 얼마 전 새 침대를 사서 금쪽같은 내 아이를 낳았습니다. 아버지의 등에 난 수술 자국처럼 나의 배에도 기다란 수술 자국이 났습니다.

아버지가 당신의 침대에서 일어나 새로 생긴 KTX를 타고 내 침대로 달려오셨습니다.
"아기가 너와 똑같이 닮았구나!"
그렇게 우리의 침대는 데칼코마니처럼 겹쳐졌습니다.

누구나 꿈속에서 살다가는 게 아닐까
누구나 자기 꿈속에서 앓다 가는 거

끝없는 우주 공간을 유영하는 은하철도 999처럼, 우리 모두 침대를 타고 달리고 있습니다.
태어나서 죽을 때까지, 몇 번의 허물을 벗고, 몇 개의 침대를 새로 장만하면서.

"포기 못할
꿈으로
아름다움을 얻는 거"

내 자아가 머무는 곳

박서원

한밤에 내리는 비는 모두
밧줄입니다

지상의 나무들은 모두 그 밧줄을 타고
하늘 끝까지 뿌리를 내립니다
지나온 먼 곳들은 그곳에서 잎이
풍성해지고 푸르러
등이 검은 고등어에게 날개를 달아
온 세계의 바다를 돌아다니게 합니다

그렇지요
단단한 땅은 새가 먹이를 쪼는 동안
입술의 살갗을 갖고
문둥이가 치는 목탁 소리는
하늘에 매달린 싱싱한 잎새에서
다시 정초한 비를 내리게 합니다

비 오는 밤 묘지의 흙은 뽀얘지고
희망을 잃고 묘비에 기대어 술을 마시는
부랑자는
때이른 슬픔을 거쳐서 내리는 비에
원혼들이 안주하러 떠나는 모습을 봅니다

유배지에서 돌아온 연인들도
비의 밧줄을 엮어 화관을 쓰고
마을의 장독대에서 울리는 물방울 리듬의
축복 속에서 서로를 약속합니다

비 개인 뒤
기적 소리를 내며 출렁이는 땅에 놀라
가슴이 메마른 사람들은
불안에 떨겠지요

당신만은 재빠르게 지나가는
기적의 빗줄기를 붙잡으세요

밧줄이 필요해

밧줄이라는 단어를 참 좋아합니다. 밧줄은 나를 어디론가 데려가줄 것 같고, 밧줄은 절대 끊어지지 않을 것 같습니다. 아기는 부모의 손가락을 밧줄처럼 잡고 일어서고, 늙은 부모는 자식들을 밧줄처럼 붙잡고 살다 가지요. 그래서 '한밤에 내리는 비는 모두 밧줄입니다. 지상의 나무들은 모두 그 밧줄을 타고 하늘 끝까지 뿌리를 내립니다'로 시작되는 이 시의 첫머리에 반하고 말았습니다. 머릿속에 온통 하늘에서 내리는 밧줄과 그 밧줄에 온몸을 감고 하늘로 뿌리를 내리는 나무들의 이미지에 휩싸이고 말았지요.

그렇지, 그렇지, 온종일 두 팔 들어 기도하는 나무, 나무들에겐 빗줄기야말로 하늘로 오르는 밧줄이겠지. 빗줄기가 밧줄이 되는 시의 마법. 높은 하늘에서 내리는 밧줄을 잡고 바다를 날아다니는 고등어, 영원의 밧줄을 잡고 묘지를 떠나는 영혼, 비의 밧줄로 화관을 쓰고 춤추는 연인, 쏟아지는 밧줄의 키스로 부드러운 살갗을 갖게 된 대지….

아! 문득 리 오스카의 〈비 포 더 레인〉 하모니카 연주를 듣고 싶군요. 수증기와 구름, 천둥과 번개, 이슬과 눈물이 한데 모여 밧줄을 엮으면서 흥얼거리는 그 부드럽고 경쾌한 허밍. 하모니카 연주가 끝나면, 실제로 하늘에서 무수한 밧줄이 쏟아집니다.

빗소리를 듣다 잠드는 밤이면 가끔 내 눈에서도 투명한 밧줄이 쏟아집니다.

"지나온 먼 곳들은
그곳에서
잎이 풍성해지고"

어쩌자고

진은영

밤은 타로 카드 뒷장처럼 겹겹이 펼쳐지는지, 물위에 달리아 꽃잎들 맴도는지. 어쩌자고 벽이 열려 있는데 문에 자꾸 부딪히는지. 사과파이의 뜨거운 시럽이 흐르는지, 내 목덜미를 타고 흐르는지. 유리공장에서 한 번도 켜지지 않은 전구들이 부서지는지. 어쩌자고 젖은 빨래는 마르지 않는지. 파란 새 우는지, 널 사랑하는지, 검은 버찌나무 위의 가을로 날아가는지, 도대체 어쩌자고 내가 시를 쓰는지, 어쩌자고 종이를 태운 재들은 부드러운지

어찌할 수 없고, 어찌할 바를 몰라도

어쩌자고, 라는 부사로 글을 써봅시다. 날이 저물고, 꽃이 지고, 물이 흐르고, 아기가 태어나고 … 모든 사물이, 개개의 생명이, 제 운명대로 순리대로 밀고 나간다 해도, 그것 자체로 눈물겹고 안쓰럽습니다. 어쩌자고, 라는 부사로 다시 글을 써봅시다. 빨래는 마르지 않고, 수프는 끓어 넘치고, 전구는 부서지고, 사랑은 떠나가고 … 모든 상황이, 개개의 인간이, 불의하고 불가해하게 넘어질 운명이기에, 그것 자체로 속이 타고 가슴이 미어집니다. '어쩌자고'는 다가올 '미래'에 대한 체념과 슬픔과 불안과 연민과 안타까움으로 어찌할 줄을 모릅니다.

진은영의 시 〈어쩌자고〉를 읽으면서 '어쩌자고'의 운명에 대해 생각하게 되었습니다. '어쩌자고'가 시작된 감정의 연유는 결국 '어쩌자고 널 사랑하는지'와 '어쩌자고 내가 시를 쓰는지'가 아닐까요. 아! 정말 어쩌자고 젊은이는 사랑을 하고, 어쩌자고 나는 활자를 붙들고 밤을 지새우는가. 아무리 해도 나는 네가 될 수 없고, 아무리 해도 언어는 풍경을 대체할 수 없음에도 우리는 '어쩌자고'를 불러올 수밖에 없습니다.

그게 인간이지요.

어찌할 수 없고, 어찌할 바를 몰라도,

또 어찌어찌 살아내는 것이 인간인 것입니다.

가끔 힘이 들 때, '어쩌자고'를 붙들고 이렇게 우렁우렁 하소연해 가면서요.

4부 늠름한 마음

외딴섬

홍영철

네 잘못이 아니다
홀로 떠 있다고 울지 마라
곁에는 끝없는 파도가 찰랑이고
위에는 수많은 별들이 반짝이고 있단다
떼 지어 몰려다니는 것들을 보아라
홀로 떠 있지도 못하는 것들은
저토록 하염없이 헤매고 있지 않느냐

지금 이대로

무리에 잘 끼지 못하고 홀로 움직이는 '외톨이'들이 있지요. 고독을 즐기는가 하면 그건 아닙니다. 오히려 그 반대지요. 저 또한 그렇습니다. 어린 시절 집에 홀로 남겨질 때가 많았는데, 해 질 녘 집에 돌아온 아버지의 양말에서 나는 고린내 마저 그리워, 벗어놓은 양말 자락에 코를 들이밀곤 했지요.

전국 방방곡곡으로 전학도 많이 다녔어요. 짐 풀면 짐 싸는 삶이, 천지가 곧 객지였습니다.

옹기종기 무리를 이뤄 친구와 다투고 화해할 시간이 내게는 없었습니다.

결핍이 많은 집안 사정을 감추기 바빠, 자연스러운 사귐에도 능하지 않았지요. 그렇게 이방인 같은 성장기를 보내고 나니, 지금도 섬처럼 홀로 떨어져 외롭다는 생각이 자주 듭니다.

다른 사람과 섞이지 못할 땐, '나는 왜 이 모양으로 생겨 먹었을까' 자책하기도 수천수만 번.

하지만, 그건 그냥 그렇게 된 거였지요.

저 같은 외톨이들에게 이 시의 첫 구절은, 읽기만 해도 위로가 됩니다.

네 잘못이 아니다
홀로 떠 있다고 울지 마라

홀로 파도를 맞고, 홀로 별빛을 마주하는 외딴 섬처럼,

홀로 지낸 사람도 은근히 깨달아질 때가 있습니다.
오랜 시간 눈물과 별빛으로 조각된 성전 같은 '자아'가.

"나쁘지 않아. 나쁘지 않아.
 지금 이대로도 괜찮아."

"수많은
별들이
반짝이고 있단다"

빈 집

기형도

사랑을 잃고 나는 쓰네

잘 있거라, 짧았던 밤들아
창밖을 떠돌던 겨울 안개들아
아무것도 모르던 촛불들아, 잘 있거라
공포를 기다리던 흰 종이들아
망설임을 대신하던 눈물들아

잘 있거라, 더 이상 내 것이 아닌 열망들아

장님처럼 나 이제 더듬거리며 문을 잠그네
가엾은 내 사랑 빈집에 갇혔네

아무도 기다리지 않았다

대낮의 수련을 그린 인상파 화가 모네나 꿈속의 환영을 그린 샤갈에게 별 매력을 느끼지 못합니다. 오히려 정육점에 걸린 고기를 볼 때마다 우린 모두 미래의 시체라던 프란시스 베이컨이나 러시아 사실주의 화가 일리야 레핀을 좋아합니다.

나는 기형도가 시인이 아니면 화가가 되었을 거라고 믿습니다. 그리고 〈입 속의 검은 잎〉 같은 기형도의 어두운 시를 읽을 때마다 인간의 신체를 기본으로 공포와 비명을 완성해 갔던 베이컨의 그림이 떠오릅니다. 자화상조차 눈 코 입이 뭉개진 알 수 없는 검은 고깃덩이처럼 표현해 냈던 베이컨.

반면 일리야 레핀은 고해성사를 거부하는 사형수와 미쳐가는 황녀와 체포되는 혁명가 등의 눈빛을 화폭을 뚫고 나올 것처럼 형형하게 그려냈지요.

〈빈 집〉을 읽고서 역설적으로 일리야 레핀의 〈아무도 기다리지 않았다〉라는 그림이 머릿속을 꽉 채웠습니다. 그림 속의 그녀는 막 문을 열고 집 안으로 들어섭니다. 코트를 입고 가방을 든 채 시베리아 유배지에서 돌아온 그녀를 반긴 건 어린 세 동생의 겁에 질린 얼굴. 불행의 사자가 문을 열고 돌아오면서 방금 전까지 평화롭게 출렁이던 집안의 공기는 차갑게 얼어붙습니다.

손으로 입을 가리거나 눈을 홉뜬 채 아이들은 그녀의 귀환을 온몸으로 거부하고 있습니다. 유배지에서 돌아온 혁명가 누이를 향한 가족의 침묵의 항변, 제목은 〈아무도 기다리지 않았다〉….

차라리 그녀를 반긴 것이 빈집이었더라면 어땠을까요.

빈집은 빈집 자체로 누군가가 자신을 데워주길 애타게 기다리는 법입니다.

 기형도는 문을 잠그고 돌아 나오며, '가엾은 내 사랑 빈집에 갇혔네'라고 노래하지만, 저는 항상 문을 열고 들어설 때 집 안의 공기를 살피는 버릇이 있습니다. 이 집이 비어 있지 않기를, 누군가 나를 기다려주기를, 혹 비어 있더라도 방금 나를 기다리다 떠난 식구들의 온기가 조금이라도 남아 있기를.

"잘 있거라"

전화

마종기

당신이 없는 것을 알기 때문에
전화를 겁니다.
신호가 가는 소리.

당신 방의 책장을 지금 잘게 흔들고 있을 전화 종소리. 수화기를 오래 귀에 대고 맑은 전화 소리가 당신 방을 완전히 채울 때까지 기다립니다. 그래서 당신이 외출에서 돌아와 문을 열 때, 내가 이 구석에서 보낸 모든 전화 소리가 당신에게 쏟아져서 그 입술 근처나 가슴 근처를 비벼대고 은근한 소리의 눈으로 당신을 밤새 지켜볼 수 있도록.

다시 전화를 겁니다.
신호가 가는 소리.

어디선가 나를 찾는 전화벨이 울리고

기숙사 복도에는 늘 여학생들이 공동 수화기를 붙들고 서 있어서, 친구들은 '너하고 통화 한 번 하기가 하늘의 별 따기'라고 투덜댔습니다. 기숙사를 나오면서 처음으로 내 명의로 된 전화기를 갖게 됐습니다. 이사 오는 날, 빈방에 테이블 하나와 라디오 한 대, 빨간 전화기 한 통을 설치해 놓고 얼마나 기뻐했던지요. 외출해서 돌아오면 신발을 벗는 둥 마는 둥 방 안으로 뛰어 들어갔습니다. 혹시나 전화가 울리고 있지는 않을까 해서. 그 방에서 빨간 전화기는 어떤 날은 혼자 오래 울어서 기진맥진해 보였고, 어떤 날은 시침 뚝 떼고 새치름하게 입을 닫고 있었습니다.

절박하게 울던 전화기가, 허둥지둥 문을 따고 들어가서 수화기를 들면 매정하게 끊어질 때도 많았지요. 그러면 그 벨 소리의 잔영이 오래도록 남아 가슴이 미어졌습니다.

나는 왜 좀 더 행동이 빠르지 못했나 늘 후회스러웠지요.

아! 나 없는 동안 빈방을 울리고, 공간을 채웠을 그 애절한 호출은 누구였을까?

그 사람은 왜 좀 더 기다리지 못했을까?

그 사람은 저 너머에서 내게 무슨 말을 하고 싶었을까?

스마트폰 한 대로 전 세계인과 소통하는 요즘 청년들은 절대로 이해 못 할 풍경이지요.

반대로 내가 무작정 전화를 거는 날도 있었습니다. 상대방의 빈방에서 전화벨은 오래 울었습니다. 마종기 시인의 표현대로 '그가 없는 것을 알기에 건 전화'였어요. 그저 혼자 부르는 노래처럼, 짝사랑하는 사람의 빈방에서 그의 이름을 애타게 불러보기만 하는 것입니다. 그것만으로도 큰 위안이 됐지요. 나의 벨소리가 그의 방 안을 가득 채우고, 내가 보낸 이야기가 돌아온 그의 입술에 가닿기를 바라면서요.

때로는 사랑이 무르익지도 않은 채, 때로는 이미 끝이 났음에도 불구하고, 손끝이 먼저 눌러버린 전화 때문에 이러지도 저러지도 못하며.

이 구석에서 보낸 모든 전화 소리가 당신에게 쏟아져서 그 입술 근처나 가슴 근처를 비벼대고 은근한 소리의 눈으로 당신을 밤새 지켜볼 수 있도록….

신경숙의 소설 《어디선가 나를 찾는 전화벨이 울리고》를 읽다가 잠이 드는 밤. 다정하고 다급하게 나를 찾던 전화벨, 빈방을 울리며 내 손을 잡아준 전화벨, 더운 혈관을 타고 달려오던 청춘의 전화벨이 그리워집니다.

"전화 소리가
당신 방을 완전히
채울 때까지 기다립니다."

포개어진 의자

김소연

앉을래?
의자가 의자에게 말했다
서성일래,
의자가 대답한다

나무들이 서 있길래
뉘어주려고 폭풍이 들이닥쳤다
우리는 누운 나무를 보며
재앙을 점쳤다

잠든 사람의 조금 벌어진 입술이
기어코 천진해질 시간에

계절이 바뀌었고
틈을 벌린 채 나무는 새에게
가지를 내어 주기 시작한다

의자 하나가 그 곁에 있고
나무의 그림자에서 의자가 쉬고 있다

사람들은 스스럼없이
의자에 앉는다

아주 잠깐 고달픔을 잊기 위해
찻집 창가에 앉아 있는 여자애에게
기어코 한 남자가 다가가듯이

의자가 되면 의자에 앉을 수 없게 된다
사람이 되면 사람을 사랑할 수 없게 된다

의자가 의자에 앉아 본분을 잊는 시간
우리는 재앙을 점치지만
열매처럼 사랑은 떨어져버린다
입을 약간 벌린 채로

서성이는 의자

중학교 때, 잊히지 않는 기억이 있습니다. 지루한 수업 시간을 견디다 못해 나름대로 개발한 놀이인데요. 나무 걸상 안으로 두 다리를 집어넣어 서커스 소년처럼 배배 꼬는 것이었습니다. 꼼지락 꼼지락 최선을 다해 노는데, 갑자기 선생님이 내 이름을 불렀습니다. 당연히 일어설 수 없었습니다. 너무 긴장했던 탓인지, 다리는 뺄면 뺄수록 더 의자 안으로 꼬여 들어갔습니다. 반 아이들은 앉지도 일어서지도 못하는 나를 신기한 듯 쳐다봤지요. '기가 차다'는 듯한 선생님의 눈초리도 생생합니다. 그 몇 초의 시간이 몇 만 년처럼 길었습니다. 덫에 묶인 듯 땀을 뻘뻘 흘리던 나는 그만 앉은 채로, 의자와 함께 교실 바닥에 나동그라지고 말았습니다.

처음으로, 유체이탈이라는 것을 경험했습니다. 의자에 앉아 우스꽝스러운 모습으로 버둥대는 나 자신을 내려다보는 경험. 삶이 무방비 상태에서 헝클어질 수도 있는 거구나 하는 예감. 웃음거리가 된다는 건 그런 거구나 하는 깨달음. 순식간에 의자의 주술에 걸려버렸습니다.

김소연 시인은 언어를 다루는 데 탁월한 재능이 있는 작가입니다. 첫 문장부터 부조리극을 보는 듯한 인상적인 장면을 선사하지요. 앉아만 있던 의자를 일으켜 세우고, 꽉 다물었던 의자의 입을 열어줍니다.

앉을래?
의자가 의자에게 말했다

서성일래,
의자가 대답한다

시의 첫머리가 너무 강해 그 이후의 이야기는 사족처럼 들릴 정도입니다.
    해 질 녘 의자에 깊숙이 앉아, 본분을 잊은 의자의 말소리를 들어봅니다.

    '들리니? 난 지금도 납처럼 무거운 엉덩이를 껴안고
    바닥으로 침몰하는 꿈을 꿔.'

독거

안현미

일요일은 동굴처럼 깊다 압력밥솥에서 압력이 빠지는 소리를 베토벤 5번 교향곡 운명만큼 좋아한다 그 소리는 흩어진 식구들을 부르는 음악 같다 일요일은 음악 같다 십자가는 날개 같다 천사의 날개 고난 버전 같은 십자가 아래 누군가 깨지지도 않은 거울을 내다 버렸다 교회에 가듯 그 거울 속에 가서 한참을 회개하다 돌아왔다 의문에 휩싸였다 풀려난 사람처럼 일요일은 아파도 좋았다 크게 잘살지도 못했지만 크게 잘못 살지도 않을 것이다 비록 지갑엔 천원 밖에 없고 깊이 사랑하는 사람에게 삭제 당했지만 자꾸 회개하고 싶은 일요일 압력 빠진 압력밥솥처럼 푸근한 일요일 세상천지 어디 한 곳 압력을 행사할 데가 없는 이 삶이 고맙다고 기도하는 일요일 거꾸로 읽어도 일요일은 일요일 그래서 자꾸 거꾸로 읽고 싶은 일요일 무료도 유료도 아닌 일요일 사랑할 수는 있었지만 사랑을 초과할 수는 없었던 인생을 헌금 바구니처럼 들고 있던 우리의

감사한 일요일

안현미는 72년생 강원도 태백 출신의 시인입니다. 20대에 상경해서 아현동이니 청계천이니 여러 동네를 떠돌았다고 합니다. 그렇게 낡고 오래된 외투 같은 고향을 떠나 산동네든 반지하든 트럭 한구석에 이불을 싣고 떠돌았을 그녀의 독거의 나날을 머릿속에 그려봅니다. 일요일이라면 잠시 숨 돌릴 수 있었을 것입니다. 한 칸 좁은 방이지만, 200자 칸 원고지를 펼쳐 시도 한 편 쓸 수 있었을 것입니다. 독거의 누추한 이불이 아닌 고양이털처럼 부드러운 고독이라는 쿠션 위에서.

돌이켜보면 바람이 불 때나 심지어 비가 억수같이 내리고 눈보라가 몰아쳐도, 우리가 표류하지 않은 것은 일요일이라는 빨간 푯말이 있었기 때문입니다. 우리가 생산성이니 효율성이니 이런 덕목을 죄다 잃고 일체 무용해진다고 해도, 변함없이 알사탕 한 꾸러미를 사들고 문병 올 반가운 삼촌 같은 일요일. 그렇게 잔고가 없어도 마술처럼 이자가 붙는 통장처럼, 누구에게나 공평하게 일요일이 있어 얼마나 감사한가요.

나 또한, 도시의 전봇대에 팽팽하게 매달린 고압 전선처럼, 혹여 누군가의 신경질에 감전되어 졸도하지나 않을까 노심초사하던 출근의 나날 동안, 차마 결근도 못하고 굶주린 짐승처럼 숨죽이며 일요일을 기다렸던 적이 있습니다. 다행히 일요일이라는 공간은 너덜너덜해진 내 몸을 웅크려 넣을 수 있도록 동굴처럼 깊었습니다. 달리의 '흐믈어진 시계'마냥, 저녁엔 흐믈텅 흐물텅 순식간에 굽어버린 시계 바늘에 가슴이 철렁하기도 하지만.

그리고 시인의 놀라운 발견처럼 '앞으로 해도 일요일, 뒤로 해도 일요일'… 그렇게 만국 공통 유아어인 마마나 파파처럼, 설사 고아라 해도 태어난 모든 이에게 엄마 아빠가 있듯, 가끔은 돌아온 탕자처럼 일요일에 머리를 묻을 수 있어 좋습니다.

금수저 물 일 없는 미래를 타박하며, 옛날 영화 제목처럼 '우리에게 내일은 없다'고 개탄하다가도, 사력을 다해 젖꼭지를 찾아 무는 새끼 강아지마냥 '뭐, 내일이 없으면 어때, 일요일만 있으면 되지'라고 읊조리게 만드는 마약 같은 우리들의 일요일. 따뜻한 시간의 젖꼭지. 그렇게 우리에겐 일요일이 있어, 크게 잘살지는 못해도 크게 잘못 살지도 않을 거라는 위안을 합니다.

마지막으로 이 시에서 가장 좋아하는 구절은 이겁니다.

> 압력 빠진 압력밥솥처럼 푸근한 일요일 세상천지 어디 한 곳 압력을 행사할 데가 없는 이 삶이 고맙다고 기도하는 일요일

그랬군요. 그랬었군요. 세상천지 어디 한 곳 압력을 행사할 데가 없어, 나는 그동안 압력밥솥 바람 빼듯, 피식 피식 여기저기 김빠진 웃음을 흘리고 다녔었군요.

"크게 잘살지도 못했지만
크게 잘못 살지도
않을 것이다"

권오준씨

정영

나는 권오준 산부인과에서 태어났다
오빠도 사촌들도 권오준 산부인과에서
태어났다 햇빛이 쏟아질 때
오빠와 사촌들이 거리를 활보할 때
그들이 손 붙잡고 인사할 때
권오준씨가 나를 내놓았다
남미에 처음 갔을 때
당신이었냐고 권오준씨와 인사를 나누었고
유럽에 처음 갔을 때
따뜻한 테라스에서 권오준씨와 점심을 먹었다
밤거리에서 내게 빗물을 튀기고 간 것도 권오준씨였다
어머니도 권오준씨를 기억하라고 했다
우리집 전기배선을 한 권오준씨는 손등이 검었다
불빛 아래 권오준씨들이 모여 권오준씨를 엿듣기도 했다
내 적수, 권오준 씨들은 길을 떠났다
오빠는 권오준 씨를 아버지라 불렀고
형이라고 불렀고 그 자식이라고 불렀고
내 사랑 권오준씨를 바람이라고 불렀다

알몸의 나를 거리에 내팽개친 권오준씨
권오준씨!하고 불렀을 때
저 저 수많은 권오준씨들

누구나, 아무나

〈권오준씨〉라는 시를 읽으면 당연히 권오준 씨가 궁금해지지요. 그래서 네이버 인명사전에 권오준이라는 이름을 쳐보았더니 열한 명이 나옵니다. 야구선수, 음악감독, 요리연구가, 기업인, 언론인 등등. 좀 더 분명히 하기 위해 권오준 산부인과를 쳐봤습니다. 여성의 아름다움을 재창조한다고 광고하는 몇몇 원장님의 얼굴이 보입니다. 인터넷 카페에는 "둘째 아이도 권오준 원장님이 받아줬으면 좋겠다"며 권오준 씨의 행방을 묻는 막달 임신부의 사연도 보이고, 지식인에는 "질염이 의심되니 꽉 끼는 옷은 입지 말라"는 전문의 권오준 씨의 친절한 답변도 있습니다.

이 시에서 권오준 씨는 누굴까요? 나의 출생지로 기록된 권오준 산부인과의 주인? 그가 의사인지 아니면 한 가정의 가부장인지, 시가 흘러갈수록 더욱 모호해집니다. 내가 태어났을 때 함께 세포 분열을 했는지, 권오준 씨는 삶 여기저기에서 주어와 목적어와 서술어의 다채로운 조사를 갈아입고 불쑥불쑥 나타납니다.

남미에서, 유럽에서, 밤거리에서, 배선공으로, 수리공으로, 아버지로 혹은 그 자식으로….

그리고 마침내, 내가 비분강개하여 '알몸의 나를 거리에 내팽개친 권오준씨'라고 크게 호명했을 때, 저격당한 이름표를 달고 일제히 뒤돌아보는 이 땅의 수많은 권오준 씨들. 결국 우리는 알게 됩니다. 권오준 씨는 이 땅의 남자들에게 붙여진 보통명사라는 것을. 한때는 용감했고 한때는 비겁했을, 한때는 다정했고 한때는 무례했을.

〈권오준씨〉를 읽으면서, 그 구체적이고 치밀한 '명명 행위'에 통쾌한 기분이 듭니다. 언제 터질지 모르는 수류탄 가방을 매고도 삶을 향해 직진하는 병사처럼, 화대도 안주고 도망치는 놈들을 끝까지 쫓아가 바닥에 패대기치는 창부처럼, 시인의 적의가 산뜻합니다.

"바람이라고 불렀다"

너에게

최승자

네가 왔으면 좋겠다.
나는 치명적이다.
네게 더 이상 팔 게 없다.
내 목숨밖에는.

목숨밖에 팔 게 없는 세상,
황량한 쇼 윈도 같은 나의 창 너머로
비 오고, 바람불고, 눈 내리고,
나는 치명적이다.

네게, 또 세상에게,
더 이상 팔 게 없다.
내 영혼의 집 쇼 윈도는
텅 텅 비어 있다.
텅 텅 비어,
박제된 내 모가지 하나만
죽은 왕의 초상처럼 걸려 있다.

네가 왔으면 좋겠다.
나는 치명적이라고 한다.

궁금하고 절박한

최승자를 일컬어 '죽음과 절망의 골수분자'라고 합니다. 그녀에게는 삶 자체가 지옥이고 치욕입니다. 그리하여 그녀에게 가장 찬란한 목소리는 죽기 직전의 비명일지도 모릅니다.

> 쳐라 쳐라 내 목을 쳐라.
> 내 모가지가 땅바닥에 덩그렁
> 떨어지는 소리를, 땅바닥에 떨어진
> 내 모가지의 귀로 듣고 싶고
> 그러고서야 땅바닥에 떨어진
> 나의 눈은 눈감을 것이다.

— 최승자, 〈사랑 혹은 살의랄까 자폭〉 中

> 나를 안다고 말하지 말라.
> 나는 너를 모른다 나는너를 모른다.
> 너당신그대, 행복
> 너, 당신, 그대, 사랑
>
> 내가 살아 있다는 것,
> 그것은 영원한 루머에 지나지 않는다.

— 최승자, 〈일찍이 나는〉 中

《이 시대의 사랑》이라는 시집에 실린 최승자 시인의 주옥같은 시 몇 구절입니다. 〈너에게〉라는 시에서 가장 절박한 언어는 '너'입니다. 문득 '박제된 내 모가지가 죽은 왕의 초상처럼 걸려 있는' 내 영혼의 집에서 시인이 끈질기게 기다리던 '너'가, 궁금해집니다.

시에는 '네가 왔으면 좋겠다'가 두 번, '나는 치명적이다'가 두 번 등장합니다. 마지막 문장이 자못 의미심장합니다.

'나는 치명적이라고 한다.'

'나는 치명적이다'라는 선언이, 슬그머니 타인이 내린 선고로 바뀌고 있습니다. 그래서 이 마지막 문장이 저에게는 시인의 절박한 SOS로 읽힙니다. 매몰된 탄광 아래서 들리는 광부의 목소리처럼, '어서 나에게로 와서 그 '치명적인' 최종 선고를 거두어 달라!'고. 나는 살아 있다고.

우리는 누구나 그런 '너'를 기다려오지 않았던가요. 영혼의 쇼윈도를 도끼로 깨고, 박제된 내 모가지에 더운 피를 돌게 해줄 영혼의 의사를. 하루하루 시체처럼 사는 우리를 구원하고 부활시켜줄 '너'라는 이름의 헌신자는 과연 어디에 있는 걸까요?

"텅 텅 비어,
텅 텅
비어,"

젖이라는 이름의 좆

김민정

네게 좆이 있다면
내겐 젖이 있다
그러니 과시하지 마라
유치하다면
시작은 다 너로부터 비롯함일지니

어쨌거나 우리 쥐면 한 손이라는 공통점
어쨌거나 우리 빨면 한 입이라는 공통점
어쨌거나 우리 썰면 한 접시라는 공통점

(아, 난 유방암으로 한쪽 가슴을 도려냈다고!
이 지극한 공평, 이 아찔한 안도)

섹스를 나눈 뒤
등을 맞대고 잠든 우리
저마다의 심장을 향해 도넛처럼,
완전 도-우-넛처럼 잔뜩 오그라들 때
거기 침대 위에 큼지막하게 던져진

두 짝의 가슴이,
두 짝의 불알이,

어머 착해

맨몸으로 맞서는 시

여성 작가들을 관습적으로 '여류'라는 수식어로 부르던 시절이 있었습니다. 여류 소설가, 여류 시인… 그 안에는 여성 작가들을 향한 대중들의 나른한 환상과 통속이 자리 잡고 있었지요. 김민정 시인은 웃통을 벗고 레슬링 하는 시장통의 여자처럼 가차 없는 음담과 불경한 상상력으로 '여류'의 흐름을 단숨에 '역류'해 버립니다. 그 힘이 해머처럼 세고, 그 도발이 비눗방울처럼 투명합니다.

그녀는 다혈질임에 분명합니다. 페이스북에 올리는 그녀의 멘션을 보면 매번 기쁨과 분노의 기운이 차례로 교차되거든요. 시인이자 시집을 만드는 편집자이며, 책을 만드는 출판사의 대표이기도 한 김민정 시인은, 종종 '이것도 시냐?'라는 불특정 소수의 공격을 받는다고 울분을 토로합니다. 시가 '불경스럽고 불편하다'는 반응이지요. 그런 반응은 예컨대, 시가 다루는 세계는 경건해야 하고 시어는 고상해야 한다는 믿음에서 비롯된 듯합니다.

하지만 시가 과연 그래야만 할까요? 시는 철학자의 관념에서도 나오고, 노동자의 소주잔에서도 나오고, 어린 아이의 똥구멍이나 저잣거리의 음담패설에서도 나옵니다. 시가 너무 어렵고 일상에서 멀리 있다는 사람이 많을수록 쉬운 시, 천한 시, '이것도 시냐?'라고 윽박지름과 맨몸으로 맞서는 시는 더욱 귀합니다.

〈젖이라는 이름의 좆〉은 제목부터가 무시무시합니다. 국어

사전을 찾아보니 한글 자음 'ㅈ'이 두 개 들어간 한 음절 명사로는 '젖'과 '좆'이 유일합니다. 신기한 일이지요. 이 시를 소리 내어 낭송해 보세요. 가슴이나 성기 같은 점잖은 말 대신 '젖과 좆'을 발성하고 나면, 이 금기 없는 시인의 '입심'에 가세한 듯, 묘한 해방감이 느껴집니다.

'네게 좆이 있다면 내겐 젖이 있다'며 '남근주의'에 시비 걸듯 시작한 시는, '한 손, 한 입, 한 접시'로 서로의 닮은 점을 탐지한 후, 이내 다감한 화해의 언어로 돌아옵니다. '두 짝의 가슴, 두 짝의 불알…' 이 귀여운 대칭에는 이미 대립의 긴장이나 서열이 존재하지 않습니다. 타인의 터치로 길들여지고 온순해지는 애완으로서의 육체… 성난 무기가 아니라 천진한 장난감으로 돌아온 성기를 내려다보며, 시인은 칭찬을 아끼지 않습니다. "어머, 착해!" 이 얼마나 흥겨운 감탄사인가요. "참! 잘했어요!"만큼 착한 말이 아니던가요.

점점 더 '아름답고 쓸모없는 것'에 목숨 거는 시인의 위트에 경배를!

"이 지극한 공평,
이 아찔한 안도"

이우성

이우성

금요일 밤인데 외롭지가 않다
친구에게서 전화가 온다
집에 있는 게 부끄러울 때도 있다
줄넘기를 하러 갈까
바닥으로 떨어진 몸을 다시 띄우는 순간엔 왠지 더 잘생겨
   지는 것 같다
얼굴은 이만하면 됐지만 어제는 애인이 떠났다
나는 원래 애인이 별로 안 좋았는데 싫은 티는 안냈다
애인이 없으면 잘못 사는 것 같다
야한 동영상을 다운 받는 동안 시를 쓴다
불경한 마음이 자꾸 앞선다 근데 왜 내가 뭐
그래도 서른한 살인데
머릿속에선 이렇게 되뇌지만 나는 인정 못 하겠다
열 시도 안 됐는데 야동을 본다
금방 끈다
그래도 서른한 살인데
침대에 눕는다
잔다 잔다 잔다
책을 읽다가 다시 모니터 앞으로 온다
그래도 시인인데
애인이랑 통화하느라 못 쓴 시는 써야지
애인이랑 모텔 가느라 못 쓴 시는 써야지
야동 보느라 회사 가느라 못 쓴 시는 써야지
만두 먹어라 어른이 방문을 열고 들어온다
다행히 오늘은 바지를 입고 있다

잘생긴 마음

이우성 시인은 같은 회사에서 근무했던 잡지사 후배 기자였습니다. 저는 《보그》에서 그는 《지큐》에서. 이우성은 화려한 나르시시스트들이 와글대는 패션잡지계에서, 아주 '평균적인' 외모를 가진 청년이었지요. 그런데 이 청년이 어찌나 능청스럽고 자아가 충만한지, 어떤 대화든, "괜찮아요. 전 미남이니까요!"로 맺음을 했습니다.

처음엔 '괴짜 청년이군. 설마 자기를 진짜 미남이라고 생각하는 건 아니겠지?' 의심 반 괘심(!) 반, 코웃음을 쳤지만, "괜찮아요. 전 미남이니까요!"라는 말은 은근 중독성이 있어, 나중엔 그가 심각한 표정으로 고민을 말해도, "괜찮아. 넌 미남이니까"로 장단을 맞추게 되었습니다. 자꾸 듣다 보니, 신기하게도 그가 미남처럼 보이기도 했고, 일종의 주문처럼, 그는 점점 미남이 되어가는 듯했습니다.

마감에 피로가 극에 달했던 어느 늦봄 저녁, 이우성이 한 권의 시집을 들고 사무실로 왔습니다.

"선배! 저 첫 시집 냈어요."

받아든 시집의 제목은 놀랍게도 《나는 미남이 사는 나라에서 왔어》였습니다. 저는 그의 얼굴 한 번, 시집 한 번, 번갈아 보았습니다.

"너… 너… 너… 진짜 이렇게 대놓고
미남 선언을 해도 되는 거니!"

비명인지 감탄인지 모르는 외침이 터졌습니다. 아, 저는 그의 사랑스러운 뻔뻔함에 두 손 두 발 다 들고 말았습니다. 항복! 항복!

시집의 서평은 좀 더 전문적으로 그를 평하고 있습니다.

> '이우성의 '나'는 현재 한국 사회의 대중적 정서로 만연된 '피해자의 나르시시즘'과 정확히 반대되는 자리에 있다… 자기 소진의 나르시시즘을 부추기는 현실을 죽거나 도피하거나 망가지지 않고 살 수 있는 힘을, 그리고 그러한 현실이 조금이나마 아름답게 바뀔 수 있는 시적 비전을 찾는 능력을 키운다면, 우리는 이 시인의 자기애를 기꺼이 환대할 필요가 있다.'

이우성의 시 〈이우성〉을 보면서, 남자 사람 이우성과 시인 이우성을 동시에 떠올립니다. 금요일 밤 집에 있는 게 조금 부끄러운 우성이, 애인은 떠났지만 여전히 잘생긴 우성이, 시인이지만 야한 동영상도 보는 우성이, 자려다가도 일어나 '그래도 시인인데 시는 써야지'라고 마음을 추스리는 우성이….

알고 보면 우성이는 기분파에다, 알고 보면 우성이는 해병대 출신이기도 합니다. 그는 시인이라고 무게 잡지 않고, 감정이 시키는 대로 투명하게 쓰며 삽니다. 나르시시즘과 피해망상과 과잉 욕망과 아부와 경계성 인격 장애환자들이 들끓는 이 세계에서 이우성의 헌신에 가까운 명랑함에, 노골적인 자기애에, 사춘기적인 전능감에 크게 위로받습니다.

겉으론 소년인 척, 알고 보면 훈계로 연명하는 노회한 문단에 이런 시인 한 명쯤 있어 좋습니다. 시를 깨치고 처음 쓰는 중학생의 시처럼, 눈치 보지 않고 행간을 돌격하는 그 소년병 같은 용맹함이 좋습니다. 하지만, 그가 세상 물정 모르는 '어린 왕자'는 아닙니다. 알고 보면 눈치가 백단입니다.

만두 먹어라 어른이 방문을 열고 들어온다
다행히 오늘은 바지를 입고 있다

마지막 연을 보면 알 수 있지요. 소년인 듯, 소년 아닌 듯, 소년 같은 기지를! 언어를 다루는 그의 정교하면서도 기발한 전술을!

나는 고양이로 태어나리라

황인숙

이 다음에 나는 고양이로 태어나리라.
윤기 잘잘 흐르는 까망 얼룩 고양이로
태어나리라.
사뿐사뿐 뛸 때면 커다란 까치 같고
공처럼 둥글릴 줄도 아는
작은 고양이로 태어나리라.
나는 툇마루에서 졸지 않으리라.
사기그릇의 우유도 핥지 않으리라.
가시덤풀 속을 누벼누벼
너른 벌판으로 나가리라.
거기서 들쥐와 뛰어놀리라.
배가 고프면 살금살금
참새떼를 덮치리라.
그들은 놀라 후다닥 달아나겠지.
아하하하
폴짝폴짝 뒤따르리라.
꼬마 참새는 잡지 않으리라.
할딱거리는 고놈을 앞발로 톡 건드려
놀래주기만 하리라.
그리고 곧장 내달아
제일 큰 참새를 잡으리라.

이윽고 해는 기울어

바람은 스산해지겠지.
들쥐도 참새도 가버리고
어두운 벌판에 홀로 남겠지.
나는 돌아가지 않으리라.
어둠을 핥으며 낟가리를 찾으리라.
그 속은 아늑하고 짚단 냄새 훈훈하겠지.
훌쩍 뛰어올라 깊이 웅크리리라.
내 잠자리는 달빛을 받아
은은히 빛나겠지.
혹은 거센 바람과 함께 찬 비가
빈 벌판을 쏘다닐지도 모르지.
그래도 난 털끝 하나 적시지 않을걸.
나는 꿈을 꾸리라.
놓친 참새를 쫓아
밝은 들판을 내닫는 꿈을.

고양이의 본능을 품고

고양이를 얼마나 사랑했으면, 시인은 〈나는 고양이로 태어나리라〉라는 시를 썼습니다.

시인이 환생한 고양이는 툇마루에서 졸고, 사기그릇의 우유를 핥는 집고양이가 아니라, 가시 덤풀 속을 누비고 들쥐와 뛰어 노는 자유로운 야생의 고양이입니다.

아름답고 당당한 천상의 피조물이지요.

저도 고양이를 키우고 있습니다. 한때는 개와 살았고 지금은 고양이와 살고 있는데, 그 차이가 아주 크더군요. 동물에게도 혈액형이 있다면 개는 소심하고 책임감이 강한 A형, 고양이는 자기중심적이고 낭만적인 B형쯤 될 것입니다. 일례로 개는 문 앞에 엎드려서 빤히 주인을 기다리지만, 고양이는 냉장고 위에서 코를 골며 자다가 느린 걸음으로 나타나지요.

고양이는 늘 가장 높은 망루에 앉아 왕처럼 내 행동거지를 내려다봅니다. 조리대에서 요리를 할 때면 냉장고 위에서, 책을 읽을 땐 책장 위에서, 세수를 할 때는 화장실 선반 위에 앉아 빤히 나를 관찰했지요.

목욕을 끔찍이 싫어해서 '목요일'이란 소리만 나와도 소파 밑으로 낑낑대며 숨어버리던 개들에 비해, 양변기 옆에 제 모래 화장실을 따로 갖추고 스스로 목욕도 자주 하는 고양이는, 세면 용품을 패대기치며 목욕탕이 제 집인 양 은근히 유세를 떨어대곤 했습니다.

털을 빗을 때도 개들은 곧 죽을 것처럼 겁에 질려 얼굴을 비틀고 사지를 버둥거리다 끝내 개와 나 둘 중에 하나가 체념해서 나가떨어지곤 했습니다. 고양이는 신기하게도 처음부터 마사지 받는 유한마담의 자세로 사지의 기운을 빼고 몸을 맡깁니다. "자~ 어서 빗겨줘!"라고. 개는 배를 보이는 걸 끔찍하게 싫어합니다. 누워서 배를 보이는 건 굴욕이고 곧 지는 것이기 때문이지요. 고양이는 어떤가요. 발라당 나동그라져서 배를 보이고 세상에서 가장 편안한 표정으로 갸르릉거리며 웃습니다. "캬~ 기분 좋다~."

길거리를 헤매는 개를 '떠돌이 개'라고 하고, 길에서 사는 고양이를 '길고양이'라 합니다. 유기묘를 분양해주는 동물병원에서 데려온 고양이는 집에 온 첫날부터 지금까지 밤마다 내 방문 앞에서 울었습니다. 아파트 주변에서 들려오는 길고양이들도 합세한 가냘픈 '야옹~' 소리가 밤공기에 메아리 칠 땐, 세상 사람들도 가끔 아무도 모르게 아-아- 하고 울 수 있다면, 하고 생각했지요.

개는 집이 거처인 동물이라 갈 곳을 잃어 떠돈다지만, 고양이는 원래가 길 위에 집을 가진 동물이지요. 그래서 제 몸을 위해 스스로 할 수 있는 게 적은 개는 돌봄을 받고 돌봐주는 '관계'를 중요시하고, 혼자 사냥하고 놀고 씻을 줄 고양이는 알콩달콩 즐거움을 주는 '놀이'로 세상을 봅니다.

제 혀로 온몸 구석구석을 세심하게 핥고 있는 고양이, 빈 요구르트 병을 이리저리 차며 축구하는 고양이, 햇빛 쏟아지는 거실 유리창 앞 빨간 의자에 앉아 물끄러미 창밖을 내다

보는 고양이, 출장 갔다 돌아오면 온 집안에 온통 휴지를 풀어헤치고 제 방식으로 화를 내는 고양이를 보면, 고양이와 나는 서로에게 적절히 무용하고 적절히 유용한 채로 영원히 길들이지 못할 거라는 안도감이 듭니다.

황인숙 시인이 그리는 고양이와 제가 키우는 고양이의 닮은 점은 한 가지입니다.
 '훌쩍 뛰어올라 깊이 웅크리리라.'
 참으로 아름다운 '고양이과' 문장이 아닌가 합니다.
 가슴에 이런 고양이의 본능 하나 품고 살면, 세상 아무리 험난해 보여도 크게 두려울 일 없겠지요.

"나는
돌아가지
않으리라."

5부 사랑에 답하는 마음

남해 금산

이성복

한 여자 돌 속에 묻혀 있었네
그 여자 사랑에 나도 돌 속에 들어갔네
어느 여름 비 많이 오고
그 여자 울면서 돌 속에서 떠나갔네
떠나가는 그 여자 해와 달이 끌어 주었네
남해 금산 푸른 하늘가에 나 혼자 있네
남해 금산 푸른 바닷물 속에 나 혼자 잠기네

헤어질 결심

박찬욱 감독의 영화 〈헤어질 결심〉을 좋아합니다. 이 영화는 두 남녀의 '마침내'가 어긋나고 역주행하면서 생기는 시차의 슬픔에 대한 이야기입니다. 극 중 서래(탕웨이)와 해준(박해일)은 용의자와 형사로 만나 호감을 느낍니다. 특별히 탕웨이가 호방한 중국어 대신 격음과 자음으로 툭툭 끊어지는 한국어를 말할 때, 그 외롭고 서툴게 접힌 말의 모서리가 관객의 마음에 미묘한 타격을 입힙니다.

> "(남편이) 산에서 안 오면 걱정했어요.
> 마침내, 죽을까 봐."

영화 〈만추〉의 애나가 그랬듯이, 탕웨이는 사랑을 위해 내가 죽거나, 사랑을 위해 남을 죽일 수도 있었던 용맹한 여자입니다. 스스로의 불운한 인생을 억울해하지 않고, 자신과 타인에게 응분의 친절과 응징을 돌려주는 사람이지요. 탕웨이가 자음처럼 꼿꼿한 여자라면 형사 역할을 한 박해일은 모음처럼 보드라운 남자입니다.

> "우는구나!"

자연인 박해일의 낭만적인 어조가 해준의 독백같은 말투와 잘 어우러졌습니다. 망원경으로 서래를 훔쳐보다 내뱉는 특유의 읊조림 같은 것들. 시인이 돼야 했을 사람이 배우가 되었다고, 신인 시절 박해일을 만났을 때부터 느꼈었는데… 〈살인의 추억〉의 용의자나 〈남한산성〉의 인조를 연기할 때, 결벽과 우유부단이 투과된 박해일의 '혼돈 없는' 겹눈을 나는 좋아했던가 봅니다.

박찬욱 감독은 탕웨이와 박해일을 데리고 어른의 사랑을 그리고 싶었다고 했습니다. 영화는 보여줍니다.

타인을 억압하지 않는 사람, 자제력을 지닌 사람, 돌봄 능력이 출중한 어른의 '격정'이 어떻게 서로를 우회하는지. 남자가 잠복할 때, 여자는 감시가 아니라 보호받는다고 느낍니다. 여자가 걸어간 길을 수사하며 되짚어 오를 때, 남자는 그 가파른 구보에 상심합니다. 박해일이 연기한 형사 해준은 무죄추정의 원칙이 몸에 밴 천국의 문지기처럼, 서래에게 한결같이 세심하고 깍듯합니다. 불면증에 시달리는 이 형사는 늦은 밤 달려와 아내에게 국을 끓여주고, 서래의 헝클어진 집을 치워줍니다. 서래는 외로운 간병 노인의 몸을 주무르고 그 스마트폰에 노래(정훈희의 '안개')를 깔아주지요. 해준은 불면으로 안개 낀 눈동자에 수시로 안약을 넣습니다.

산의 살인 사건을 다룬 전반부와 달리 바다의 살인 사건을 다룬 후반부로 들어서면서 〈헤어질 결심〉은 완전히 다른 템포로 움직입니다. 박찬욱 감독은 엄청난 탐미적 기세로, 수사와 멜로의 알리바이를 무서운 속도로 뒤섞어 롤러코스터를 태운 후, 마침내 출렁이는 남색 바다 앞에 우리를 툭 던져놓습니다.

남자가 말합니다.

"내가 언제 사랑한다고 했어요?"

여자가 말합니다.

"그랬잖아요. 그 핸드폰을 바다 깊이 멀리
 아무도 모르게 던져버리라고."

저는 뒤늦게 알아챘습니다. 감독 박찬욱이 기어이 영화라는 기차에 태워 관객을 데리고 온 도착지가 한 편의 시였음을. 탕웨이라는 자음과 박해일이라는 모음으로 마침내 '붕괴'해도 파멸되지 않을 어른의 시를 썼음을. 그렇게 엔딩에 이르러 여자가 모래 사장을 파들어 가고, 스크린에 안개와 물보라가 자욱해질 때, 머릿속에는 이성복의 시 〈남해 금산〉이 파도처럼 밀려왔습니다.

한 여자 돌 속에 묻혀 있었네
그 여자 사랑에 나도 돌 속에 들어갔네
어느 여름 비 많이 오고
그 여자 울면서 돌 속에서 떠나갔네

정훈희의 노래 '안개'를 낮게 깔아두고 이성복의 시 〈남해 금산)을 허밍하듯 겹쳐 읽습니다. 물과 바람과 안개와 돌이 협연한 신화적 사랑을 읽습니다.

> PS
> 기자로 일할 때 이성복 시인을 찾아가 인터뷰를
> 했습니다. 써야 할 시는 스물다섯부터 일곱까지
> (1977~1979년) 다 써버리고 남은 생은 망가진
> 잉크병처럼 헛도는 이야기를 하고 있다지만,
> 개미들이 열 맞춰 기어가듯 그 글씨조차 어여쁘고
> 반듯했습니다. 그렇게 둥글고 참한 글씨가
> 거대한 입이 되어 생의 비참을 말했다는 것이
> 놀라웠습니다. 가는 날이 장날이라고, 온종일
> 지치지도 않고 비가 쏟아졌습니다.

"나
혼자
잠기네"

다음 생에 할 일들

안주철

아내가 운다.
나는 아내보다 더 처량해져서 우는 아내를 본다.
다음 생엔 돈 많이 벌어올게.
아내가 빠르게 눈물을 닦는다.
나는 미안하다고 말하지 않는다.
다음 생에는 집을 한 채 살 수 있을 거야.
아내는 내 얼굴을 빤히 들여다본다.
다음 생에는 힘이 부칠 때
아프리카에 들러 모래를 한줌 만져보자.
아내는 피식 웃는다.
이번 생에 니가 죽을 수 있을 것 같아.

나는 재빨리 아이가 되어 말한다. 배고파.
아내는 밥을 차리고
아이는 내가 되어 대신 반찬 투정을 한다.
순간 나는 아내가 되어
아이를 혼내려 하는데 변신이 잘 안된다.
아이가 벌써 아내가 되어 나를 혼낸다.
억울한 건 하나도 없다.
조금 늦었을 뿐이다.

그래도 나는 아내에게 말한다.
다음 생엔 이번 생을 까맣게 잊게 해줄게.

아내는 눈물을 문지른 손등같이 웃으며 말한다.
오늘 급식은 여기까지

이번 생에는 피식

아내가 운다,로 시작하는 이 시를 읽으며, 한때 '아내'였던 나는 깜짝 놀랍니다. 아내가 울다니, 우는 아내를 남편이 위로하다니… 그런데 그 위로하는 말이 '다음 생엔 돈 많이 벌어올게'라니.

아! 아내는 돈이 없어 울고, 돈 못 버는 남편은 아내 앞에서 쩔쩔 매며 다음 생을 이야기하는구나.

저 남자 참 여자 맘을 모르네… 아내 더러 '다음 생에는 집을 한 채 사고, 다음 생에는 아프리카 모래 한줌을 만져보자'니…, 철부지 남편을 둔 철부지 아내였던 나는, 혀를 끌끌 차며 시 속의 아내를 대신해 악다구니를 씁니다. "그럼 이번 생은? 이번 생은 어쩌라고?"

그런데 어찌된 일인지,

시 속에서 울던 아내는 그 말에 눈물을 닦고, 남편을 빤히 쳐다보더니 피식 웃습니다. '이번 생에 니가 죽을 수 있을 것 같아' 서늘한 농담까지 덧붙이면서요.

설상가상으로 다음 생이든 이번 생이든, 가장 신성한 한 끼를 때우는 밥상머리에서, 남편은 김중배의 다이아반지라도 끼워주는 양 아내에게 어마어마한 약속을 합니다.

'다음 생엔 이번 생을 까맣게 잊게 해줄게.'

아! 철부지 남편을 둔 철부지 아내였던 나는 이 대목을 읽으면서, 눈물을 훔칩니다.

저 아내는 어찌하여, 투정 섞인 원망조차 하지 않는 걸까요. 저 남편은 어찌하여, 희미한 허풍조차 떨지 않는 걸까요. 이 부부는 어쩌자고, 섣불리 위로하지 않으며, 서로를 끔찍하게 아낄 수 있단 말입니까.

아! 어찌할 바 모르지만,

이들은 욕망이 멱살을 잡고, 희망이 머리채를 뽑는 '이번 생'에 결코 항복하지 않고 살겠구나.

그리하여 정말로, 다음 생에는 철마다 이삿짐 꾸려 도시를 떠돌지 않도록 집을 한 채 살 수 있을 것이고, 정말로, 다음 생에는 저 멀리 아프리카의 모래도 한줌 만져볼 수 있을 것이고, 정말로, 다음 생에는 이번 생을 까맣게 잊게 되겠구나.

그렇게 성숙한 비관이 미숙한 희망 따위를 이길 수도 있는 거구나!

철없는 아내였던 나는 그렇게 고개를 주억거리게 되었습니다.

국수

이재무

늦은 점심으로 밀국수를 삶는다

펄펄 끓는 물속에서
소면은 일직선의 각진 표정을 풀고
척척 늘어져 낭창낭창 살가운 것이
신혼적 아내의 살결 같구나

한결 부드럽고 연해진 몸에
동그랗게 몸 포개고 있는
결연의 저, 하얀 순결들!

엉키지 않도록 휘휘 젓는다
면발 담긴 멸치국물에 갖은 양념을 넣고
코밑 거뭇해진 아들과 겸상을 한다

친정 간 아내 지금쯤 화가 어지간히는 풀렸으리라

희망의 국수

"점심에 국수 해먹을까?"

기분 전환하듯 쾌활한 목소리로 '국수 해먹자'는 말을 들으면 지루한 여름방학 때 손님이라도 찾아온 것처럼 들뜨곤 했습니다. 소면을 삶아 둥근 소반 위에 얹고 멸치를 우려낸 물에 김치를 송송 썰고 띄우면 그만인 국수.

겨울엔 사흘이 멀다 하고 술 취해 귀가하던 아버지도 해거름에 "칼국수를 해먹자"고 바지락을 사서 돌아오시곤 했지요. 반죽을 써는 칼 박자는 경쾌한 맥박처럼 집안을 메웠어요. 국수 요리법은 간단했습니다. 솥에 바지락과 다시마, 파, 마늘, 소금을 넣고 중간에 면을 넣은 뒤 뜸을 들이면 끝. 그러곤 왁자지껄하게 상에 모여 앉아 국수를 먹었습니다.

지금도 나는 국수를 좋아합니다. 내 몸에는 '국수의 피'가 흐르는 걸까요. 국수라면 무엇이든 가리지 않습니다. 길고 미끄러운 국수 가락은 어린아이가 이유식을 먹을 때처럼 유아성과 모성이 두 손을 맞잡은 것만 같습니다.

새롭게 가족이 더해지는 합가의 설렘, 괜스레 억울해지는 분가의 이별이 공존하는 결혼식에 순하고 맑은 잔치국수가 없다면 얼마나 서운할까요. 국수는 우리에게 다시 시작할 수 있다는 희망의 '연줄'이 되기도 합니다. 졸업식이나 입학식이 끝나고 먹던 유년의 자장면 한 그릇은 또 얼마나 천진한 성장의 보상이었던가요.

아무리 바빠도 친구가 "집에 와. 국수나 삶아 먹자"고

하면 입안에 군침이 돌아 기를 쓰고 강을 건너 친구 집으로 찾아갑니다. 실의에 빠져 있어도 더운 국수 한 그릇을 먹고 나면 햇빛 좋은 날 이불 홑청을 뜯어 보송보송하게 말린 듯 개운해지고 입안에서 명주실을 뽑아내듯 잘 모르는 사람과도 수다를 떨 수 있을 것 같지요.

후루룩 잡잡 꿀꺽 소리를 내며 국수를 먹고 있을 땐, 우리 모두 입으로 같은 언어를 쓰는 사람들 같습니다. 국수 가락 위에서 우리의 삶은 단순한 1행시 같습니다. 국수가 있는 곳에 갈등은 없습니다. 국수에는 '세상 뭐 까칠하게 살 거 있나'식 투항의 미학이 있지요.

이재무 시인은 '국수'를 먹으며, 아내를 생각합니다. 희고 미끄러운 국수에서 신혼 적 아내의 살결을 생각합니다. 친정 간 아내는 지금쯤 화가 어지간히는 풀렸으리라, 짐작합니다. 아마도 그럴 겁니다. 아내도 아마 국수를 말아먹었겠지요.

"엉키지 않도록"

오직 한 사람

황화자

유방암 진단 받은 나한테
남편이 울면서 하는 말,
"5년만 더 살어."

그러던 남편이
먼저 하늘나라로 갔다

손주 결혼식에서 울었다.
아들이 동태찜 사도 눈물이 났다.
며느리가 메이커 잠바를 사 줄 때도
울었다.

오직 한 사람 남편이 없어서.

서울 남편 장춘 남편

조선족 이춘자 할머니와 오래 함께 살았습니다. 한들한들한 손발과 순한 마음을 가진 이춘자 할머니는 저를 대신해 제 아이들을 먹이고 씻기고 재웠습니다. 늦은 밤 마감을 하고 돌아와 춘자 할머니와 아이들 곁에 누우면 잠시나마 평안했습니다. 춘자 할머니는 돈 벌어다 주고 꽃놀이도 데리고 가고 찜질방에도 함께 가는 저를 '서울 남편'이라고 부르며 좋아했습니다.

춘자 할머니의 진짜 남편은 중국 장춘에 있었습니다. 착한 남편 덕에 한국에 오기 전까지 '손에 물 한 방울 안 묻히고 공주처럼 살았다'고 그녀는 제 앞에서 능청을 떨곤 했습니다.

그러던 춘자 할머니의 장춘 남편이 며칠째 목소리가 안 나온다고 전화기 너머로 '꺽꺽'대더니… 갑자기 저 세상으로 떠났습니다. 사람 목숨이 순식간이었습니다. 남편이 떠난 뒤 살이 마르고 얼굴이 꺼멓게 타들어가는 그녀를 일으켜, 밤의 숲길을 걸었습니다. 별빛 아래 벤치에서 꺼이꺼이 우는 춘자 할머니의 등을 쓸어주었습니다.

"아까운 사람, 아까운 사람…"

춘자 할머니의 울음이 잦아들 때까지 우리는 걷고 또 걸었습니다. 남편에 앞서 춘자 할머니는 폐암 말기 진단을 받았지만, 지금까지 5년이 넘도록 제 곁에서 씩씩하게 살고 있습니다.

'오직 그 사람'… 끔찍이도 춘자 할머니를 예뻐해 줬다던 장춘 남편의 사랑 덕이겠지요. 공주 대접이 뭔지 모르는 '서울 남편'은 그렇게 짐작할 뿐입니다.

황화자 시인의 〈오직 한 사람〉을 읽으며, 춘자 할머니와 돌아가신 그이의 남편을 생각했습니다.

"울었다."

남편

문정희

아버지도 아니고 오빠도 아닌
아버지와 오빠 사이의 촌수쯤 되는 남자
내게 잠 못 이루는 연애가 생기면
제일 먼저 의논하고 물어보고 싶다가도
아차, 다 되어도 이것만은 안 되지 하고
돌아누워 버리는
세상에서 제일 가깝고 제일 먼 남자
이 무슨 원수인가 싶을 때도 있지만
지구를 다 돌아다녀도
내가 낳은 새끼들을 제일로 사랑하는 남자는
이 남자일 것 같아
다시금 오늘도 저녁을 짓는다
그러고 보니 밥을 나와 함께
가장 많이 먹은 남자
전쟁을 가장 많이 가르쳐준 남자
얼마나 놀라운 실수인가!

위대한 동맹

문정희 시인의 〈남편〉을 읽다 보면 슬그머니 웃음이 납니다. 아버지도 아니고 오빠도 아니고, 아버지와 오빠 사이의 촌수쯤 되는 남자, 라니. 이렇게 절묘한 표현이 있나요. 아득한 심상만으로 해석에 저항하는 게 '시'인가 하면 이렇게 구구절절 내 맘을 알아채고 대변해 주는 게 또한 시가 아닌가 싶습니다. '내게 잠 못 이루는 연애가 생기면 제일 먼저 의논하고 물어보고 싶다가도 아차, 다 되어도 이것만은 안 되지 하고 돌아누워 버리는 세상에서 제일 가깝고 제일 먼 남자'가 남편이랍니다. 그런데 이 시인이 쓴 〈나의 아내〉라는 시에서 남편들은 아내를 이렇게 착각합니다.

> 나 바람나지 말라고
> 매일 나의 거울을 닦아주고
> 늘 서방님을 동경 어린 눈으로 바라보는
> 내 소유의 식민지

아! 여자란 얼마나 신비한가요.
남편 앞에서는 그 소유의 식민지인 양 거울을 닦다가, 마음으로는 잠 못 이루는 연애로 국경을 넘는 것입니다. 밤 도망을 가는 것이지요. 그러다 '지구를 다 돌아다녀도 내가 낳은 새끼들을 제일로 사랑하는 남자는 이 남자일 것 같아', 다시 전쟁터로 돌아와 저녁을 짓는 존재입니다.

그런 아내를 향해 남자는 또 잠꼬대처럼 중얼거립니다.

> 꼭 껴안고 자고 나면
> 나의 씨를 제 몸 속에 키워
> 자식을 낳아주는 아내

신이 진흙을 빚어 아담을 만든 창조 행위를, 남자와 여자가 만나 힘을 합쳐 해냅니다. 새끼를 만들어 낳는 일. 혼자서는 못 해내는 그 일. 그 믿기지 않을 만큼 엄청난 일을 해내고서야 눈을 떠서 서로를 바라봅니다.

아! 이 얼마나 놀라운 실수인가!

두 마리 원숭이처럼 부둥켜안고 흐느끼다가 그제야 진정한 전쟁을 시작합니다. 불꽃 튀는 진화의 발을 내딛지요. 새끼를 낳은 부부는 더 이상 설레는 사랑을 하지 않지만, 그 변화무쌍한 설렘을 무력화시키고, 의리를 지키는 동지가 됩니다. 탯줄로 묶인 가족이 됩니다. 참으로 크고 비밀한 일입니다.

> 부부란 서로를 묶는 것이 쇠사슬인지
> 거미줄인지는 알지 못하지만
> 묶여 있는 것만은 확실하다고 느끼며
> 어린 새끼들을 유정하게 바라보는 그런 사이이다

— 문정희, 〈부부〉 中

"오늘도
저녁을
짓는다"

추억의 다림질

정끝별

장롱 맨 아랫서랍을 열면
한 치쯤의 안개, 가장 벽촌에 묻혀
눈을 감으면 내 마음 숲길에
나비떼처럼 쏟아져

내친김에 반듯하게 살고 싶어
풀기없이 구겨져 손때 묻은 추억에
알콜 같은 몇 방울의 습기를 뿌려
고온의 열과 압력으로 다림질한다

태연히 감추었던 지난 시절 구름
내 날개를 적시는 빗물과 같아,

안주머니까지 뒤집어 솔질을 하면
여기저기 실밥처럼 풀어지는
여름, 그대는 앞주름 건너에
겨울, 그대는 뒷주름 너머에

기억할수록 날세워 빛나는 것들
기억할수록 몸서리쳐 접히는 것들
오랜 서랍을 뒤져
얼룩진 미련마저 다리자면

추억이여 어쩔 수 없지 않냐고
다리면 다릴수록 익숙히 접혀지는
은폐된 사랑이여

다리미의 눈물

셔츠를 다려본 기억은 내 인생에서 얼마간이었습니다. 나는 꽃다운 이십 대에 너무 일찍 다림질을 배웠습니다. 한여름엔 땀을 뻘뻘 흘리며 스팀다리미의 버튼을 누르면 구겨진 셔츠의 가슴이 당당하게 펴졌고, 우유부단해 보이는 칼라와 소매의 날이 살았습니다. 그 시절 나는, 시를 쓸 수 없었습니다. 셔츠를 다리는데 너무 많은 공을 쏟았기 때문이지요.

여름, 그대는 앞주름 건너에
겨울, 그대는 뒷주름 너머에

기억할수록 날세워 빛나는 것들
기억할수록 몸서리쳐 접히는 것들…

세상에 다림질처럼 종속적인 노동이 어디 있나요. 다림질에는 오로지 그것을 입는 자의 촉각의 쾌감을 상상하는 것 이외에 어떤 비전이나 상상력이 존재하지 않습니다. 그러나 어느 순간 자꾸 손이 헛돌아 셔츠에 기스가 가기 시작했습니다. 한 줄, 두 줄, 세 줄… 다리미의 스팀이 말라갈 즈음 와이셔츠 입은 남자와 헤어졌습니다.

얼마 전 서랍 속에서 다리미를 발견했습니다. 이십 년도 넘은 것이었습니다. 다리미 열판은 여전히 단단하고 미끈했지만, 무엇이 잘못됐는지 자꾸 바닥으로 물이 샜습니다. 서툴게 수습을 하려다 흰 셔츠에 얼룩이 생기고 말았습니다. 다리미는 오래도록 달궈져 지냈던, 그 옛날의 추억을 어쩌지 못해 혼자 조금씩 울고 있었습니다.

물을 만드는 여자

문정희

딸아, 아무 데나 서서 오줌을 누지 마라
푸른 나무 아래 앉아서 가만가만 누어라
아름다운 네 몸 속의 강물이 따스한 리듬을 타고
흙 속에 스미는 소리에 귀 기울여 보아라
그 소리에 세상의 풀들이 무성히 자라고
네가 대지의 어머니가 되어가는 소리를

때때로 편견처럼 완강한 바위에다
오줌을 갈겨주고 싶을 때도 있겠지만
그럴 때일수록
제의를 치르듯 조용히 치마를 걷어 올리고
보름달 탐스러운 네 하초를 대지에다 살짝 대어라
그리고는 쉬이쉬이 네 몸속의 강물이
따스한 리듬을 타고 흙 속에 스밀 때
비로소 너와 대지가 한 몸이 되는 소리를 들어보아라
푸른 생명들이 환호하는 소리를 들어보아라
내 귀한 여자야

오줌에 대하여

이마무라 쇼헤이 감독의 영화〈붉은 다리 아래 따뜻한 물〉을 본 적이 있습니다. 몸에 물이 너무 많은 여자 주인공은 섹스를 하면 성기에서 물이 샘물처럼 뿜어져 나오고, 그 물이 강으로 흘러들면 물고기들이 펄떡거리며 몰려듭니다. 여자의 물은 대지를 적시고 강을 정화시키지요. 너그럽고 익살스러운 이 성인의 동화에는 여자의 생명감이 넘실댔습니다. 내 몸에서 출렁거리는 원시의 싱싱한 물이 느껴졌지요.

김훈의 소설《현의 노래》를 읽었을 때도 생각납니다. 어쩐 일인지 오직 생목숨이 땅에 묻히게 된 순장의 순간에 도망 나와 달밤에 시원하게 오줌을 누는 여인의 이야기만 머리에 남습니다. 그때 다짜고짜 김훈에게 전화를 걸어서 비명을 질렀습니다. '당신과 오줌에 대해 이야기하고 싶다'고. 나중에 만나자 그가 나를 살살 달래며 말했습니다.

"나는 여자를 그릴 수 없다.
내가 그릴 수 있었던 건 그저 여자의 생명감뿐이다."

그를 만나고 온 날 저녁, 나는 아파트 화단에 오줌을 누는 꿈을 꾸었습니다.

그러다 문정희 시인의〈물을 만드는 여자〉를 만났지요.
'딸아, 아무데서나 오줌을 누지 마라
푸른 나무 아래 앉아서 가만가만 누워라'로 시작하는.
드디어 내 몸 속의 물이 얼마나 신성한지 자분자분 일러주는 어머니의 목소리를 들은 것이지요.

아름다운 네 몸 속의 강물이 따스한 리듬을 타고
흙 속에 스미는 소리에 귀 기울여 보아라

아! 어머니! 대체 한 번도 마셔보지 않은 생명의 물이 어떤 은밀한 수로를 지나 내게서 나오는 걸까요?

제의를 치르듯 조용히 치마를 걷어 올리고
보름달 탐스러운 네 하초를 대지에다 살짝 대어라

언젠가 내 딸이 자라면 꼭 이 시를 읽어주렵니다.

"딸아! 네 생명의 고향은 내 속의 샘물이었다.
너도 언젠가 너만의 물을 갖게 될 거야. 그때까지
너는 그저 식지 않고 따뜻하게 존재하면 된단다.
그리하여 언젠가 댐이 터지듯 네 안의 양수가
터져나갈 때, 그 푸른 생명이 환호하는 소리를
너도 듣게 될 거야.
아! 내 귀한 여자야."

"푸른 생명들이
환호하는 소리를
들어보아라"

둥긂은

허은실

아이 가진 여자는 둥글다 젖가슴은 둥글다 공룡알 개구리알은 둥글다 살구는 둥글다 살구의 씨는 둥글다 씨방은 둥글다 밥알은 둥글다 별은 둥글다 물은 둥글다 '응'은 둥글다 그 밤 당신이 헤엄쳐 들어간 난자는 둥글다

멀리까지 굴러가기 위해서
굴러가서 먹이기 위해서

내가 사랑, 이라고 발음할 때
굴러가려고 둥글게 말린 혀가
입천장을 차고 나간다
나가서 너에게 굴러간다

둥긂은 입 맞추고 싶고 둥긂을 안고 뒹굴고 싶다 둥긂은 들어가 눕고 싶다

구르고 구르다가 모서리를 지우고
사람은 사랑이 된다
종내는 무덤의 둥긂으로
우리는 다른 씨앗이 된다
0이 된다

제 속을 다 파내버린 후에

다른 것을 퍼내는
누런 바가지
부엌 한구석에 엎디어 쉬고 있는 엉덩이는
둥글다

둥글게 굴러가기 위해

첫 아이를 임신했을 때가 생각납니다. 납작한 뱃속에 인기척이 들리더니, 어느 순간 둥근 씨앗이 비좁은 장기 사이를 뒹구르르 구르며 열심히 제 몸의 형태, 제 몫의 자리를 찾아가던 기억… 배가 둥글어질수록 가슴도 두둥실 부풀어 올라 이러다 내가 공이 되겠구나, 싶었지요. 예상대로 그 뒤로 나는 정말로 공이 되었습니다.

　엄마인 나는 아이의 산, 오두막, 밥공기, 밥알, 사탕, 별, 꽃, 물….

　타인을 위해 둥글어진다는 것. 작은 타인을 내 몸으로 껴안고 굴러간다는 것.

　그것은 참으로 무서운 진리더군요. 가끔씩, 새벽이면 또르르 눈물이 떨어져 내렸습니다. 오늘 하루도 멀리까지 굴러가기 위해, 굴러가서 먹이기 위해, 낙석을 피하기 위해, 사력을 다해 몸을 동그랗게 말아야지, 뒹구는 돌이 되어야지. '응, 응, 응', '예스, 예스, 예스'.

　　구르고 구르다 모서리를 지우고
　　사람은 사랑이 된다

형태에 진리가 있다면, 이 시는 그 '형태의 진리'를 말하고 있습니다. 사랑은 둥글다, 라고 말할 때조차, 입천장을 향해 도르르 말려 올라갔다 앞으로 나아가는 혀처럼.

　'둥글게 둥글게, 둥글게 둥글게'

그렇게 사람이 발 딛고 사는 지구의 모양새도 둥그러니, 기실 사람도 죽을 때까지 제 삶을 둥글둥글 굴리며 사는 것인가 봅니다. 가을 운동회에서 어린 아이들이 고사리 손으로 영차영차 굴리는 커다란 공처럼, 말똥구리가 밀어내는 제 몸뚱이만 한 말똥처럼. 이번 생애는 이렇게 굴러왔다 굴러가는 것으로.

PS
모성의 물성으로 굴러가는 허은실 시인의
첫 시집 제목은 《나는 잠깐 설웁다》입니다.
씨앗에서 무덤까지, 그 '잠깐'이라는 부사가
큰 위로가 되는군요.

내 늙은 아내

서정주

내 늙은 아내는
아침저녁으로
내 담배 재떨이를 부시어다가 주는데,
내가
"야 이건
양귀비 얼굴보다도 곱네.
양귀비 얼굴엔 분때라도 묻었을 텐데?"
하면,
꼭 대여섯 살 먹은 계집아이처럼
좋아라고 소리쳐 웃는다.
그래 나는
천국이나 극락에 가더라도
그녀와 함께
가볼 생각이다.

시처럼 살다

패션잡지 《보그》에서 일했던 덕분에 세계적인 유명 인사들을 많이 만날 수 있었습니다. 그중에서 가장 좋아했던 시간은 작가를 만날 때지요. 화천으로 함께 여행을 떠났던 김훈, 아치울의 노란 집에서 만난 박완서, 춘천의 아파트에서 만난 오정희, 한강 옆 가로수길에서 만난 한강… 그런데 그토록 만나고 싶었던 시인 서정주는 이미 작고하셔서 뵐 수 없었습니다. 대신 서정주 선생은 《보그》의 지면에서 만났습니다.

사진 속에서 선생은 아내의 손을 다정하게 잡고 계셨습니다. 대나무가 울창하게 가지를 뻗은 담벼락 아래서 선생은 모시저고리 차림이었고, 아내는 마고자에 월남치마 차림이었습니다. 두 분 다 흰 고무신을 신고 계셨고 고개를 한쪽으로 갸웃하면서 웃고 계셨습니다. 나중에 그 사진을 찍은 사진작가 조선희에게 물어보니, 자기도 그 사진을 가장 좋아한다고 하더군요.

"인터뷰를 옆에서 엿들으니 매번 '사랑하는 내 아내가'로 시작하셔서 '내 아내를 사랑한다'로 끝나곤 했지."

사랑에 빠진 늙은 소년과 소녀를 보면서 나는 '시를 사는 게 이러하구나'라고 중얼거렸습니다.

헤어지는 연습을 하며

조병화

헤어지는 연습을 하며 사세
떠나는 연습을 하며 사세

아름다운 얼굴, 아름다운 눈
아름다운 입술, 아름다운 목
아름다운 손목
서로 다하지 못하고 시간이 되려니
인생이 그러하거니와
세상에 와서 알아야 할 일은
'떠나는 일'일세

실로 스스로의 쓸쓸한 투쟁이었으며
스스로의 쓸쓸한 노래였으나

작별을 하는 절차를 배우며 사세
작별을 하는 방법을 배우며 사세
작별을 하는 말을 배우며 사세

아름다운 자연, 아름다운 인생
아름다운 정, 아름다운 말

두고 가는 것을 배우며 사세
떠나는 연습을 하며 사세

인생은 인간들의 옛집
아! 우리 서로 마지막 할
말을 배우며 사세

잘 떠나는 연습

조병화 시인의 〈헤어지는 연습을 하며〉이란 시를 만난 것은 고등학교 1학년 때였습니다. '헤어지는 연습을 하며 사세, 떠나는 연습을 하며 사세'라는 첫 구절을 읽는 순간부터, 가슴이 무너져 내렸지요. '아름다운 얼굴, 아름다운 눈, 아름다운 입술, 아름다운 목, 아름다운 손목…' 초탈한 듯한 목소리로 다정하게 이목구비를 호명할 땐, 다시 만져볼 수 없을 그 육체의 확실성과 휘발성에 몸이 떨렸습니다.

인간으로 태어나 겪어야 하는 최고의 심리학적 고통은 '이별'입니다. 어린 아이가 겪는 최초의 심리적 고통도 엄마와의 '분리불안'이지요. 젖먹이 아이도 다 자란 성인도 낯선 세상을 견딜 수 있는 건, 비록 육체가 구별되었을지라도 영원히 연결되어 있다고 믿는 '애착' 덕분입니다. 그러니 애착이 끊어지는 통각은 상상만으로도 괴로운 것이지요. 그리하여, 시인이

> 서로 다하지 못하고 시간이 되려니
> 인생이 그러하거니와
> 세상에 와서 알아야 할 일은
> '떠나는 일'일세

라고 관조할 때, 저는 '인생의 비밀'을 알아버린 것처럼 쓸쓸해지고 말았습니다.

〈헤어지는 연습을 하며〉 이 시에 얽힌 어떤 일화가 있습

니다. 마침 그즈음, 저는 처음으로 동갑내기 남학생을 만나 독서실도 가고 음악감상실도 가며 풋내나는 데이트 비슷한 것을 했습니다. 그러던 중 이 시를 읽고 몹시도 '센치'해져서, 갱지에 궁서체로 이 시를 꾹꾹 눌러써, 남학생에게 등기속달로 보내고 말았지요. 시를 받아든 소년은 영문도 모른 채 비명을 질렀다고 합니다. 소년은 그 후 제가 기숙하는 여학교 담벼락 앞에서 몇 차례 서성이다 돌아갔습니다.

사춘기 시절, 서툰 감성으로 읽었던 시를 다시 꺼내 읽어봅니다.

> 작별을 하는 절차를 배우며 사세
> 작별을 하는 방법을 배우며 사세
> 작별을 하는 말을 배우며 사세

30년이 지난 후, 이 시를 읽어보니 이제는 그 물리적 격리에 비통한 마음보다 그냥 '그렇구나, 그렇구나' 고개를 주억거리게 됩니다. 살아보니 '삶은 작별로 완성된 집'이 아니던가요.

살아보니 너와 나는 헤어질 걸 알면서도 사랑합니다. 떠날 걸 알면서도 추억을 쌓지요. 태어났기에 끈기 있게 웃으면서 무덤까지 걸어갑니다. 철자법을 익히듯 내가 만났던 세상과 '작별하는 절차를, 방법을, 말을' 하나씩 배워가면서 말입니다. 그런데도 여전히 '아름다운 자연, 아름다운 인생, 아름다운 정, 아름다운 말'을 입 속에 넣고 되뇌이자면, 그 아름다움이 너무 아름다워, 쉬 발길이 떨어지지 않습니다.

어쩌면 그래서 시인도 웅변하듯 '살자'나 '살아라'가 아니라, 나직이 '떠나는 연습을 하며 사세'라고 권유했던 것은 아닐는지요.

"우리 서로
마지막 할 말을
배우며 사세"

6부 고결한 마음

폐허 이후

도종환

사막에서도 저를 버리지 않는 풀들이 있고
모든 것이 불타버린 숲에서도
아직 끝나지 않았다고 믿는 나무가 있다.
화산재에 덮히고 용암이 녹는 산기슭에도
살아서 재를 털며 돌아오는 벌레와 짐승이 있다.
내가 나를 버리면 거기 아무도 없지만
내가 나를 먼저 포기하지 않으면
어느 곳에서나 함께 있는 것들이 있다.
돌무더기에 덮여 메말라 버린 골짜기에
다시 물 고이고 물줄기를 만들어 흘러간다.
내가 나를 먼저 포기하지 않는다면

머리에 쌓인 재를 털고 나아가는 시간

우리는 부서지기 쉬운 존재들입니다. 언제든 붕괴되어도 이상하지 않을 딱딱한 것들로 버티고 있을 뿐. 반면 불타거나 얼어붙거나 휩쓸리거나 말라붙은 채로, 자연은 몸을 바꾸며 현자의 시간을 이어왔습니다. 문득 생각합니다. 폐허와 '폐허 이후'는 어쩌면 같은 시간일지도 모르겠다고요.

성경의 〈욥기〉에서 욥은 자식도 재산도 건강도 다 잃고 온몸에 종기가 난 채로 기왓장으로 몸을 긁습니다. 왜 자신에게 그 재앙이 덮쳤는지 이해할 수 없었던 욥은 신을 원망하고, 하나님에게 크게 혼나는 장면이 나옵니다. 그때 들리는 신의 호통이 너무 크고 아름다워 말문이 막혔습니다.

> '내가 땅의 기초를 놓을 때 네가 어디 있었느냐? 네가 바다의 근원에 들어가 보았느냐? 이슬방울은 누가 낳았느냐? 얼음과 서리의 어미는 누구냐? 독수리가 높은 곳에 집을 짓는 것이 네 명령이냐? 네가 아직도 전능자와 다투겠느냐?'

그토록 큰 세계, 압도적인 시간 앞에서 욥은 결국 고백합니다.

> '내가 이제까지 하나님에 대해서 귀로만 알고 있었는데, 이제 눈으로 당신을 뵈옵니다.'

신은 욥에게 다시 아들 일곱과 딸 셋을 주십니다. 재산은 두

배로 많아졌지요. 저는 오래도록 의심했습니다. 상처 입은 욥에게 신이 주신 그 복이 무슨 소용이었을까. 어느 날 이 질문에 대한 대답을 기독교사상가 김기석 선생에게 들었습니다.

> "잃은 만큼의 아들딸을 또 낳았다는 건, 그 상처에
> 머물지 않고 삶을 이어갔다는 걸 의미합니다. 그게
> 욥의 아름다움입니다. 납득할 수 없는 현실이 닥쳐도
> 삶을 계속하는 것. 아니, 새롭게 시작하는 것, 초연하게."

뭉클한 이야기지요. 욥이 '폐허의 시간'을 까맣게 잊었다고는 생각하지 않습니다. 다시 그 폐허를 맞을까 두려워 떨었을 것 같지도 않습니다. 폐허 이후는 폐허와 함께 나아간 욥의 자발적 시간입니다. 끝내지 않고 나아간 탄생의 시간이지요.

〈폐허 이후〉라는 시에는 그 '계속하는 생명의 힘'이 있습니다.

'화산재에 덮히고 용암이 녹는 산기슭에도 살아서 재를 털며 돌아오는 벌레와 짐승이 있다'라는 대목에 오래 머물렀습니다. 내가 나를 버리지 않고, 내가 나를 포기하지 않고… 폐허 속에서도 머리를 들어 재를 털며 돌아오는 '나'를 상상합니다. 이제껏 그렇게 해왔으니, 앞으로도 재를 털고 나아가겠습니다.

"아직
끝나지 않았다고
믿는 나무가 있다."

버들가지들이 얼어 은빛으로

최하림

하늘 가득 내리는 햇빛을 어루만지며
우리가 사랑하였던 시간들이 이상한 낙차를
보이면서 갈색으로 물들어간다 금강물도 점점
엷어지고 점점 투명해져 간다 여름새들이
가고 겨울새들이 온다 이제는 돌 틈으로
잦아들어가는 물이여 가을물이여
강이 마르고 마르고 나면 들녘에는
서릿발이 돋아 오르고 버들가지들이 얼어
은빛으로 빛난다 우리는 턱을 쓰다듬으며
비좁아져가는 세상 문을 밀고 들어간다
겨울과 우리 사이에는 적절한지 모르는
거리가 언제나 그만쯤 있고 그 거리에서는
그림자도 없이 시간들이 소리를 내며
물과 같은 하늘로 저렇듯
눈부시게 흘러간다

시간을 바라보는 일

가만히 앉아 시간이 지나가는 모습을 바라봅니다. 사실 가만히 앉아 시간이 지나가는 모습을 보지 않아도 시간은 개의치 않고 무장무장 흘러갑니다. 사람은 각자의 시간을 가지고 태어납니다.

그래서 갓 태어난 아기의 시간은 무럭무럭 흘러 순식간에 기고 걷고 말하고 사람을 알아보고 수줍어하는데, 그동안 나의 시간은 거실에서 한나절 머물다 간 햇빛만큼인 듯합니다.

어린 아기의 시간과 나의 시간은 같은 공간에서도 시차를 겪습니다. 그 개별적인 시간과 상관없이 가장 유유하고 정직한 시간은 계절입니다. 여름에서 가을로 접어드는 무렵, 세차게 쿨렁쿨렁 흐르던 여름 물이 어느새 돌 틈을 찾아 가을 물로 변해가는 모습을 보면 가슴이 시려오지요.

내 나이 딱 스물에, 지리산 어느 계곡에 앉아 가을로 접어드는 물을 바라보았습니다. 내가 늙은이가 되어 이곳에 와도 물은 변함없이 이런 모습으로 가을 물로 저물겠구나. 시간, 그 자체를 바라보는 일.

시간을 음미하거나 시간을 쓰거나 시간을 함께 보내는 일이 아니라, 시간 그 자체를 바라보는 일은 그래서 굉장히 쓸쓸한 일입니다.

시간이, 우리가 사랑하였던 시간들이 이상한 낙차를 보이면서 갈색으로 물들어 가면, 우리는 멀어져 가는 기차의 뒷모습을 바라보는 심정이 됩니다. 이것을 두고 소설가 김훈은 '인간과 시간의 관계는 인간이 끝끝내 시간을 짝사랑하는 일방적인 관계'라고 했지요.

인간은 시간의 노동에서 소외되어 있습니다.

지나가는 시간 앞에서, 내가 할 수 있는 일은 아무것도 없습니다.

나와 상관없이 눈부시게 흘러가는 것을 바라보는 일밖에는. 그러다 보면 어느 날 혼자 중얼거리겠지요.

"맙소사, 언제 이렇게 나이를 먹어버렸나."

"우리가
사랑하였던
시간들"

종점

이우걸

몇 사람은 아직도 깨어나지 않는다
기사가 화를 내며 고성을 질러보지만
아무런 미동도 없이 잠에 빠져있다.
하루치 생의 비용이 저렇게 무거운 것인가
하루치 생의 그늘이 저렇게 깊은 것인가
창밖엔 어둠을 밀치며
가등(街燈)들이 불을 뿜는다.

다정한 그 어깨는 어디로 갔을까?

젊은 시절 왜 그리 잠이 많았는지, 머리만 닿는 곳이면 어디서든 잠이 들었습니다. 딱히 지난밤 잠을 못 잔 것도 아니었는데, 버스만 타면 마취 주사라도 맞은 듯, 순식간에 정신을 놓고 자맥질을 해댔지요. 내 몸 속 어디에 그토록 많은 잠들이 숨어 있었는지 모를 일입니다. 알다시피 잠에 빠지면 제 목도 못 가누는 갓난아기 신세가 되어 버스 유리창에 사정없이 쿵쿵 머리를 박습니다. 혹은 낯모르는 남자의 어깨에 새 신부처럼 다소곳이 얼굴을 기대어 두고 몇 개의 정류장만큼은 꿈같은 데이트를 합니다.

나는 버스에서 수많은 사람의 어깨를 베고 잤습니다. 때로는 중년 사내의, 때로는 덜 여문 사춘기 소년의, 때로는 허물어진 노인의. 아! 내 머리 때가 묻은 그 다정한 어깨들은 다 어디로 갔을까요.

심지어 처음 미팅한 남자애가 학교 기숙사까지 바래다주었을 때도, 그 남자애의 딱딱한 청자켓에 어깨를 베고 잠을 잤습니다. 주윤발이 나오는 영화 〈가을동화〉를 보고 음악다방에서 멜라니 사프카의 〈The Saddest Thing〉을 청해 듣고, 돌아오는 길이었습니다.

내가 내릴 정류소가 다다랐을 때, 그 남자아이는 안절부절못하며 나를 흔들어 깨웠지요.

"저…, 많이 피곤하신가 봐요? 이젠 내리셔야 되는데…."

도망치듯 버스에서 내리던 나를 쳐다보던 그 애의 몹시 미안해하던 얼굴이란. 맘씨가 고왔던 그 청년은 어디서 무엇을 하며 살고 있을까요.

아무도 깨워주지 않아 한밤중에 유배지 같은 버스 종점에서 눈을 뜰 때면, 잠에서 깨어 집안에 홀로 남겨졌다는 걸 깨달은 어린애처럼 한없이 막막해졌습니다.

이우걸의 〈종점〉을 읽으니 흔들리는 버스 안에서 오랫동안 잠들었던 나의 청춘이 떠오릅니다.

하루치 생의 비용이 저렇게 무거운 것인가
하루치 생의 그늘이 저렇게 깊은 것인가

타인의 어깨를 빌어 잠을 자는 버스 안.
우리 모두 앞으로 갚아야 하는 생의 빚이 너무 많아 자꾸만 잠이 드는 것은 아닌지요.

"어둠을 밀치며"

뒷골목 풍경

이동순

내가 만약 서역에 산다면
여름날 저녁마다
문 앞에 탁자를 내다놓고 장기를 두리라
벗들과 모여앉아 마작을 하리라
손주녀석 안고 나와 바람 쐬며 행인을 보리라
친한 이웃들과 삿자리 깔고 모여앉아 담소 나누리라
침침한 전등불 켜진 이발소에서
머리를 깎으리라
노천 과일가게에서 흥정을 하리라
매캐한 연기 휘감아 올리며
목로주점에 앉아 석쇠 위에 양고기 구우리라
그곳에서 독한 고량술도 한잔 하리라
잠시 후 술이 오르면
밤 불빛에 울긋불긋 드러나는 간판들과
채색된 대문들을 바라보리라

그리운 소음

참으로 그리운 풍경이 아닌가요.
여름날 노천 과일 가게 앞의 흥정과 목로주점의 양고기와 손주 녀석을 등에 업고 어르는 노인들과 침침한 전등불이 켜진 이발소와… 퇴근 무렵엔 선 채로 맥주 한 잔에 소금 한 줌 집어 삼키고 귀가하는 사내들, 가게 앞 평상에선 "한 수 물러 달라"고 장기 돌 쥐고 삐쳐 돌아앉은 노인들,

"아무개야! 밥 먹어라!" 소리치고 다니던 엄마들의 목소리도 아스라합니다.

웃고 떠들고 악다구니도 쓰고, 물건도 팔고, 패션쇼도 하고, 바람 부는 대로 음식 냄새도 진하게 풍기던 1970년대에서 80년대 걸쳐진 우리네 골목 풍경은 참 다정했습니다. 샛길도 막다른 길도 많았던 그 시절 골목처럼, 삶도 뒤죽박죽 서로 엉킨 채로 속도 훤히 들여다보였지요.

그 많던 뒷골목은 다 어디로 간 걸까요?

아! 이제 우리의 꼬불꼬불 지저분한 뒷골목은 모두 서역으로 이주해, 지금은 여행지에나 가야 볼 수 있는 이국적인 풍경이 되어버렸군요. 요즘처럼 층간 소음으로 이웃 간 드잡이가 살벌한 뉴스를 보면, 그것이 다 뒷골목에서 나던 정겨운 생활 잡음을 콘크리트로 박멸하고 나온 부작용이다 싶어 못내 쏠쏠합니다.

이제 당신과 나는 냉난방 시스템이 잘 갖춰진 아파트와 마트의 지하주차장을 오가며, 서로 침투 받지도 침투하지도 않은 채, 실내인간으로 조용조용 삽니다.

눈

윤동주

눈이
새하얗게 와서
눈이
새물새물 하오

하얗고 시려운 마음을 생각하며

결벽한 마음으로 한 점 부끄러움 없이 살고자 했던, 식민지 시대의 청년 시인 윤동주.

그래선지 죽어서 자기 별로 돌아간 《어린 왕자》나 나치 시대의 정직한 기록자 《안네의 일기》의 소녀 안네에게 윤동주의 얼굴이 겹쳐 떠오르곤 했습니다. 일본 후쿠오카 감옥에서 죽은 그 맑고 순결한 청년의 얼굴이….

검정 교복을 단정히 입고 찍은 윤동주의 사진을 처음 보았을 때가 생각나네요.

가늘게 웃고 있는 청년의 눈에 마음이 시려왔지요.〈눈〉이라는 제목의 이 짧은 시를 읽으면, 새하얀 눈을 새물새물 바라보는 윤동주의 표정이 떠오릅니다.

시인이 태어난 만주 북간도는 얼마나 눈이 많이 왔을까요. 겨울 아침, 창호지 문을 열고 온통 시리도록 하얀 눈밭을 바라볼 때, 젊은 시인의 쌍꺼풀 없는 눈은 얼마나 먼 설원의 끝을 달렸을까요.

이 시의 매력은 밝음에 있습니다.〈서시〉나〈자화상〉〈별 헤는 밤〉의 애달픈 서사와 달리 슬프지 않아 좋지요. 묘한 장난기마저 느껴지니, 새삼 새록새록 읽힐 수밖에요.

내 기분

강달막
할머니

이웃집 할망구가
가방 들고 학교에 간다고 놀린다.
지는 이름도 못쓰면서
나는 이름도 쓸 줄 알고
버스도 안 물어보고 탄다.
이 기분 니는 모르제.

놀라운 기분

강 할머니는 칠십 평생 까막눈으로 살다가 늘그막에 한글을 배우러 책가방 메고 학교에 갑니다. 그런데 이웃집 할망구가 그 모양을 보고 놀려대니, 슬그머니 골이 나지요. 뿔난 마음을 그대로 뾰족하게 드러내지 않고, 시로 멋지게 승화시킵니다.

시의 몸통을 보면 마음의 으시댐이 매우 구체적이지요.

지는 이름도 못쓰면서
나는 이름도 쓸 줄 알고
버스도 안 물어보고 탄다.

웃으면서 두 번 세 번 이 시를 읽다 보면, 또 이상하게 이 대목에서 마음이 멈칫합니다.

'지는 이름도 못쓰면서', '버스도 안 물어보고 탄다'…

지혜로 곰삭은 우리 할머니들이지만, 오랜 세월 그녀들이 현실 속에서 겪었을 문맹의 설움과 불편함이 몸으로 느껴지기 때문이지요.

이 시는 무엇보다 제목이 보배입니다. 〈내 기분〉. '내 기분'을 무시하지 않고 있는 그대로 보듬어 살피는 일은, 시인의 기초 임무지요. 시뿐인가요. 감정을 살피는 것이 철학의 전부라는 말도 있습니다.

마지막 문장, '이 기분 니는 모르제'도 참으로 놀라운 속엣말입니다. 꾸미지 않은 천진난만함에 귀가 순해지는 말이지만, 기실 따지고 보면 나와 타인을 가르는 무서운 진리이기도 하지요.

무서운 손자

강춘자
할머니

어릴 적
할머니 다리에 누워
옛날 얘기를 들으며
잠이 들곤 했었는데.

우리 손주는
책을 가져와
읽어달라고 하니
무서워 죽겠다.

말로 하는 이야기라면
손으로 하는 음식이라면
손주놈이 해달라는 대로
해줄 수 있으련만

달려가 보듬어 안고파도
손주놈 손에 들린
동화책이 무서워
부엌에서 나가질 못한다.

가장 무서운 시간

이야기는 마음껏 해줄 수 있지만, 책은 읽어줄 수 없는 할머니에게 손주는 눈치 없게 자꾸만 동화책을 들고 옵니다. 눈에 넣어도 아프지 않을 만큼 사랑스러운 손주지만, 할머니는 그래서 더욱 당신이 문맹이라는 비밀을 들키고 싶지 않습니다. 영글어가는 홍시처럼, 몰랑몰랑한 손주놈 몸을 가슴에 폭닥하게 품고 싶지만, 손주 손에 들린 동화책, 알 수 없는 딱딱한 기호들이 무서워 할머니는 숨어버립니다.

겉으로 보면 아주 '귀여운' 시이지만, 한 인간이 지키고 싶은 자존심의 실체가 보입니다.

문득 베른하르트 슐링크의 소설 《책 읽어주는 남자》가 생각납니다. 〈더 리더〉라는 영화로도 나왔지요. 초반엔 소년과 연상 여인의 파격적인 사랑이 그려집니다. 어쩐 일인지 여인은 항상 소년에게 책을 읽어달라고 합니다. 세월이 흘러 두 사람은 헤어집니다.

이 영화의 가슴 아픈 클라이맥스는 주인공 케이트 윈슬렛이 나치 전범 재판에서 자신이 하지도 않은 일까지 뒤집어쓰는 대목입니다. 감형이 되려면 자신이 '문맹'이라는 사실을 밝혀야 하지만, 그녀는 수치를 겪는 대신 무기 징역을 택하고 맙니다. 그게 뭐 그리 대수인가 싶지만, 당사자에게는 드러내느니 딱 죽고 싶은 자기만의 아킬레스건이 있지요.

강춘자 할머니의 시 〈무서운 손자〉를 읽으며, 자존을 지키고 싶어 하는 한 여인의 '무서운 힘'을 느낍니다. 사랑은 자기를 버리는 헌신이기도 하지만, 동시에 그 상대에게만큼은 자신의 존엄을 인정받고 싶어 하는 처절한 분투이기도 하니까요.

"무서워 죽겠다"

늙은 여자

최정례

한때 아기였기 때문에 그녀는 늙었다
한때 종달새였고 풀잎이었기에
그녀는 이가 빠졌다
한때 연애를 하고
배꽃처럼 웃었기 때문에
더듬거리는
늙은 여자가 되었다
무너지는 지팡이가 되어
손을 덜덜 떨기 때문에
그녀는 한때 소녀였다
채송화처럼 종달새처럼
속삭였었다
쭈그렁 바가지
몇가닥 남은 허연 머리카락은
그래서 잊지 못한다
거기 놓였던 빨강 모자를
늑대를
뱃속에 쑤셔넣은 돌멩이들을
그녀는 지독하게 목이 마르다
우물 바닥에 한없이 가라앉는다
일어설 수가 없다
한때 배꽃이었고 종달새였다가 풀잎이었기에
그녀는 이제 늙은 여자다

징그러운
추악하기에 아름다운
늙은 주머니다

몇 겹의 여자

아기를 낳고 조선족 할머니와 생활하게 되었습니다. 육순이 넘은 조선족 할머니는 한 달이 갓 지난 딸아이와 친구처럼 놀았습니다. 어쩜 저렇게 잘 통할까. 할머니가 포대기에 아기를 업으면 두 사람은 한 몸처럼 보였습니다. 할머니의 등에 붙은 아기는 어린 할머니처럼 의젓해 보였고, 아기를 등에 업은 할머니는 나이든 아기처럼 천진해 보였습니다. 그 사이가 한 뼘도 안 되었지요.

할머니는 점점 종달새, 풀잎, 배꽃처럼 웃었고, 아기의 분홍 잇몸에선 새싹처럼 이가 나기 시작했습니다. 삶에서 유아성과 성인성은 저렇게 등과 가슴처럼 맞닿아 있습니다.

아! 한 여자 안에는 얼마나 많은 겹의 여자가 들어 있는 걸까요.

늙지도 젊지도 않은 나는 언제쯤 이토록 아름다운 늙은 주머니를 갖게 될까요.

한때 아기였기 때문에 그녀는 늙었다
한때 종달새였고 풀잎이었기에
그녀는 이가 빠졌다
한때 연애를 하고
배꽃처럼 웃었기 때문에
더듬거리는
늙은 여자가 되었다

웃지마세요 당신,

이규리

오랜만에 산책이나 하자고 어머니를 이끌었어요
언젠가 써야 할 사진을 찍어두기 위해서였죠
팔짱을 끼며 과장되게 떠들기도 했지만
이 길을 또 얼마나 걷게 될지

사진관에 들어섰을 때
어르신 한 분이 사진을 찍고 계셨어요
어머니가 급격히 어두워졌어요

나도 저렇게 하는 거냐

이게 요즘 유행이라며
평소에 미리 찍어두는 게 좋다며
나도 젊을 때 찍어둬야겠다며
쫑알대는 내 소리에는 눈도 맞추지 않으시더니

사진사가 검은 보자기를 뒤집어쓰자
우물우물 급히 말씀하셨어요

나 웃으까?

그 표정은 쓸쓸하고 복잡해서 아무 말 못했어요

돌아오는 길은 멀고 울퉁불퉁했고

웃지 마세요
그래요 웃지 마세요 당신,

대답할 수 없는 물음

영정 사진을 찍으러 가는 길이었을 것입니다. 그런데 시에는 영정 사진이라는 단어가 한 번도 나오지 않습니다. 그저 '언젠가 써야 할 사진'이라고만 되어 있습니다. 딸은 어머니의 팔짱을 끼고 과장되게 떠들면서 걸어갑니다. '이 길을 얼마나 걷게 될지' 헤아려보며.

그때까지 다정했을 모녀의 산책길은, 먼저 영정 사진을 찍고 있는 어르신 앞에서 급격히 반전되지요. '언젠가'라는 아득한 시제가 훅 눈앞에 다가온 것입니다.

'나도 저렇게 하는 거냐'라고 흠칫 놀라던 어머니는, 사진사가 사진을 찍기 위한 구체적인 행위로 검은 보자기를 뒤집어쓰자, 급히 말씀하십니다.

'나 웃으까?…'

좌표 없이 허둥대는 당신의 물음표에 가슴이 내려앉습니다.

어떤 자식이 그 질문에 대답할 수 있을까요.

만약 당신이 웃으신다면, 그 웃음의 소유권은 어머니에게 있을까요. 자식들에게 있을까요.

시인은 아무 말도 못한 채 돌아오는 길에 속엣말을 합니다.

'웃지 마세요 당신'이라고.

PS
갓난아기에게는 배내웃음이라는 것이 있습니다.
행복해서 웃는 감정적인 웃음이 아니라 부모를
기쁘게 해주기 위한 본능적인 근육의 움직임이지요.
만약 영정 사진 속의 어머니가 웃고 있다면, 그건
내가 태어나서 어머니를 향해 처음 지었을 웃음,
그 배내웃음의 보답 같은 것이 아닐까 생각해 봅니다.

엄마가 들어 있다

이수익

보자기 속엔
엄마가 들어 있다
가만히 들어앉아 엄마는
네가 들어올 거라고 생각했지, 라고
말씀하신다
바로 그때 보자기 속에 숨겨진 엄마의 귀는
빠르고 정확하게 나의 방문을 숨죽여
기다리고 있었던 것이다
보자기 속에 숨겨진 엄마의
손은 두껍고 큼지막해서 무엇이든
잘 뒤지신다, 내가 벗어놓은 옷가지와 몇 가지의
폐물, 가슴 설레는 어릴 적 예쁜 사진들이
엄마에겐 꼭꼭 감춰둔 비밀이 되어 있다
가끔씩 엄마를 만나러 간다
내가 보자기를 풀면
거기,
젊은 날 엄마가 나오신다

살과 살의 추억

한 편의 시 속에서 보자기와 엄마가 한 몸이 되어 있네요. 보자기를 풀며 시인은 제 발소리에 쫑긋했을 엄마의 귓불을 어루만지고, 보자기를 풀며 시인은 제 옷가지를 봉하던 엄마의 손을 맞잡습니다.

방바닥에 보자기로 누운 엄마. 나긋나긋하게 헤쳐지고 여며지는 엄마의 육체 속으로 이리저리 숨바꼭질하는 기분이 좋습니다. 봄날 치마폭에 숨어 술래잡기를 하듯, 그 비밀의 보따리에선 끝도 없이 추억이 흘러나오겠지요. 야유회에서 빨간 립스틱 바르고 찍은 젊은 엄마의 사진이나, 오래된 루비 반지나, 내 어릴 적 배내옷 같은 것들. 어떤 보자기엔 김치나 된장 냄새도 진하게 배어 있습니다.

42년생인 이수익 시인은 부모의 두터운 헌신과 희생을 밀도 높게 그려왔습니다. 그가 쓴 〈결빙의 아버지〉라는 시에는 이런 구절이 있습니다.

> 품 안에 부드럽고 여린 물살은 무사히 흘러
> 바다로 가라고,
> 꽝 꽝 얼어붙은 잔등으로 혹한을 막으며
> 하얗게 얼음으로 엎드려 있던 아버지

부모라는 기억은 어쩌면 살결의 추억, 이렇듯 강렬한 촉각으로 남는가 봅니다. 보드라운 보자기로 누운 어머니와 얼어붙은 잔등으로 엎드린 아버지… 우리 모두 그 부모의 품에서 부드럽고 단단하게 여물어온 게 아닐까요.

귀여운 아버지

최승자

눈이 안 보여 신문을 볼 땐 안경을 쓰는
늙은 아버지가 이렇게 귀여울 수가.
박씨보다 무섭고,
전씨보다 지긋지긋하던 아버지가
저렇게 움트는 새싹처럼 보일 수가.

내 장단에 맞춰
아장아장 춤을 추는,
귀여운 아버지,

오, 가여운 내 자식.

세상의 모든 아버지에게

최승자 시인의 가장 유명한 시는 '오 개새끼 / 못 잊어'로 끝나는 〈Y에게〉일 것입니다. '이별과 낙태'를 주제로 한 그 시에서도 시인은 '널 내 속에서 다시 낳고야 말거야'라고 절규합니다. 떠나간 남자는 다시 캄캄한 동굴 안에 감금당한 채 여자가 낳아주기만을 기다리는 신세가 되지요. 엄청난 사랑이고 엄청난 복수가 아닙니까.

남자들이 세계를 유랑하고 우주로 이탈한다고 해도 언제나 자신의 출생이 여자의 자궁인 것을 고백하듯, 최승자 시인은 사랑이든 증오든, 결국엔 남자를 자신의 한 뼘 자궁 안으로 품어버립니다. 자기를 버리고 떠난 개새끼 그 남자도, 아장아장 귀여운 아버지도, 모두모두 움트는 새싹이 되어, 가여운 내 자식으로 회귀하다니. 귀기 어릴 만큼 놀라운 모성입니다.

어쨌든 그 무엇보다 나는 최승자 시인이 이토록 귀여운 시를 쓴 것이 놀랍고 고맙습니다. 신문을 볼 때 안경을 쓰는 아버지가 귀엽게 여겨지더니, 내 장단에 맞춰 아장아장 춤을 추는 귀여운 아버지로까지 나아갑니다.

문득 이어령 선생의 이야기가 생각납니다. 이어령 선생의 아버지는 저녁 뉴스 시간마다 아나운서가 나와 인사를 하면 텔레비전 화면에 대고 '안녕하슈'라고 인사를 나누셨다고 합니다. 그리고 자리를 비웠다 다시 텔레비전 앞에 돌아와 앉으면 '미안하우'라고 또 인사를 하신다고 해요. 텔레비전 앞에 혼자 앉아서 아나운서와 눈을 맞춰 인사를 하시던 아버지를 회고하며 이어령 선생은 큰 소리로 외칩니다.

'이 바보들아, 그것은 치매가 아니라 고독이라는 거다.'

귀여운 아버지, 고독한 아버지….
세상 모든 아버지들의 모습입니다.

"저렇게
움트는
새싹처럼"

바람 속에 답이 있다

밥 딜런

얼마나 많은 길을 걷고 나서야
그는 진정 사람 취급을 받을 수 있을까.
얼마나 많은 바다 위를 날아야
흰 비둘기는 백사장에서 편안히 잠들 수 있을까.
얼마나 많은 포탄이 휩쓸고 나서야
세상에 영원한 평화가 찾아올까.
얼마나 오랜 세월을 살아야
다른 이들의 울음소리를 들을 수 있을까.
친구여, 그 답은 바람 속에 있습니다.
그건 바람만이 알 수 있습니다.

바람만이, 노래만이

음유 시인으로 잘 알려진 밥 딜런의 유명한 노래 〈바람 속에 답이 있다〉의 가사입니다. 열 살 때부터 시를 쓰기 시작했다는 밥 딜런은, 반전과 저항의 시기였던 1970년대, 깃발이 된 인물이지요. 그가 어쿠스틱 기타를 들고 등장하는 곳에는 젊은 이들이 모여들었고, 그의 노랫말에 귀를 기울였습니다. 팝 음악사의 가장 위대한 뮤지션은 노벨문학상까지 수상했습니다.

2016년 겨울, 스웨덴 한림원이 노벨문학상 수상자로 밥 딜런을 호명했을 때, 전 세계는 그야말로 난리가 났습니다. 시적으로 완결성을 지닌 은유적인 가사들은 이미 셰익스피어나 T.S. 엘리엇의 시와 비교되었고, 이미 밥 딜런의 시를 문학 수업 교재로 활용하는 대학도 많았습니다. 하지만 '인쇄' 문학과 '레코딩' 문학은 다르며 '귀를 위한 시'는 음률 위에서만 가치 있다는 반론도 만만치 않았거든요.

밥 딜런은, 이런 소란을 아는지 모르는지 한동안 연락 두절 상태로 한림원과 대중들의 애간장을 태웠습니다. 수상 거부로 가닥이 잡힐 때쯤, 느지막이 나타난 그가 웃으며 말했습니다. "수상은 영광이지만, 시상식은 선약이 있어서 못 가요." 그리고 자신은 현재 '셰익스피어처럼 삶의 일상적 문제를 다루느라 바쁘게 지내고 있다'며 '내 노래들이 과연 문학인가'라는 질문은 스스로 한 번도 해본 적이 없다고 했습니다.

역사적으로 노벨상을 거부하거나 안 받은 작가는 몇 안 됩니다. 사르트르는 문학에 등급을 매기는 것은 부르주아들의 악질적 취미라며 수상을 거부했고, 버나드 쇼는 알프레드 노벨이 다이너마이트 팔아먹던 사람이라는 이유로 거부 의사를 밝혔지요(나중에는 받았습니다). 밥 딜런은 흔쾌히 받았다고도, 완전히 거부했다고도 할 수 없습니다. 모호하지요. 그의 노벨상 수상보다, 수상 이후에 보여준 밥 딜런의 행보야말로 더욱 시적입니다.

밥 딜런의 이 이야기는 그가 대중들의 요구와는 다른 욕망을 지닌, 온전히 독립된 존재였음을 보여줍니다. 2008년 토드 헤인즈 감독의 연출로 개봉된 영화 〈아임 낫 데어〉는 밥 딜런의 이런 이야기를 담고 있지요. 사람들이 모여든 곳엔 언제나 밥 딜런이 있었지만, '바람 구두를 신은 사나이'는 언제나처럼 거기서 이미 빠져나가고 없다는 것을.

밥 딜런의 노래 〈라이크 어 롤링 스톤〉에는 이런 가사가 있습니다. '우리가 외로운 것은 사랑받지 못해서가 아니다. 이해받지 못해서이다.' 이 위대한 음유 시인은 영원히 대중들의 오해 속에 있고 싶어 할지도 모르겠습니다. 그 모호함이 어쩌면 시인의 숙명일 테니까요.

얼마나 오랜 세월을 살아야
다른 이들의 울음소리를 들을 수 있을까.
친구여, 그 답은 바람 속에 있습니다.
그건 바람만이 알 수 있습니다.

에필로그
기다림의 시간 뒤에 서 있는

카메라가 세팅되길 기다리는 촬영장의 배우처럼, 편집자도 '기다림의 달인'입니다. 편집자는 기다립니다. 초연하게, 침착하게. 카오스 상태로 부글거리는 미완성의 문장이 온전한 세팅을 갖춰 도달할 수 있도록. 구차하기 이를 데 없는 작가의 변명과 하소연을 다 수용하면서도, 은은하게 웃으며 갈 길을 보여주는 세상의 모든 편집자에게 경의를 표합니다.

10년이 넘는 세월 동안 편집자 최아영 씨가 '시 이야기'를 멈추지 않았기에, 저 또한 시 곁을 맴돌 수 있었습니다. 살아갈수록 인내와 겸손은 삶에서 이룰 수 있는 아름다움의 절정이 아닌가 합니다. 툇마루에 비친 햇살처럼, 마음의 빗살무늬를 충분히 감촉한 그대… 당신을 시의 육체로 이끈 사랑스러운 인내에 경배를!

2025년 2월, 김지수

추천사
조용하게 아름다운 노래를 불러주는 것

지금도 그렇지만 나는 피처 에디터다. 시인이 되기 전에도 물론 피처 에디터였다. 막내 에디터이던 시절, 내가 되고 싶은 사람은 셋이었다. 다른 둘의 실명은 거론할 순 없고, 한 명은 김지수였다. 그녀는 《보그》의 피처 디렉터였다. 그녀는 내가 말을 붙이기도 힘들 만큼 직급도 높고 경력도 많았다. 브라운 컬러의 긴 코트를 입고 다녔으며 등에 가방을 메고 운동화를 신었다. 두 손은 자유로웠다. 어디에든 앉아서 노트를 꺼내 글을 쓸 수 있을 것 같았다. 글 쓰는 사람으로서 내가 그녀에게 닮고 싶었던 면은 치밀함이다. 그녀는 문장도, 단어도, 조사 하나까지도 쉽게 놓아두는 법이 없다. 그 안의 본질과 그 안의 마음을 추적한다. 그 예리함만을 놓고 보자면 나는 감히 대한민국 누구도 김지수를 따라올 수 없다고 믿는다. 그래서 그녀가 써주었으면 하고 내가 바라는 글은 논리와 지식으로 무장한 평론 같은 게 아니라, 따뜻하고 자상한 에세이였다.

요즘은 '시가 뭐야?'라는 질문을 종종 스스로에게 한다. 등단해서 시인이 됐고, 시집도 냈는데, 아직 저런 걸 묻는다. 그럴 수밖에 없는 세상을 살고 있으니까. 길을 걷다가, 이렇게 사는 건 의미 없어, 나도 아프고 나 말고도 아픈 사람이 많잖아, 혼잣말을 하고 화를 낸다. 시가 나를 위로하고 사람들을 위로할 수 있을 거라고 믿었던 적이 있다. 지금은 아니다. 시인도 사람이고, 시인도 지금 이 세계를 살아내는 게 힘들기 때문이다. 나를 위로할 힘이, 당신을 위로할 힘이 나에게 없어, 라고 고백할 수밖에 없으며, 그리하여 내가 생각하는 시란, 지금의 시란, 그저 힘없는 고백일 뿐이라고… 말할 수밖에. 그러나, 그럼에도 불구하고, '마음'만은 붙들고 살아야 하지 않겠냐고, 이 책《지켜야 할 마음이 있습니다》는 말하는 것이다. 만져봐. 네 마음이 아직 거기 있어? 물으며 웃고, 능청스럽게 다가와서 손잡고, 그 온기를 마음 깊이, 더 깊이, 밀어 넣는다. 그럴수록 열심히 살아야지, 긍정해야지, 힘내야지, 할 수 있어… 따위의 말 대신, 아이 재우듯 조용하게 아름다운 노래를 불러주는 것. 그러고 보면 불면증은 어른의 일이고, 자장가가 필요한 건 어른이구나. 나구나, 당신이구나…. 그래서 어쩌면 다행이라는 생각, 이 책을 읽는 당신도 하게 될 거라고, 적는 게 나의 오만이 아니면 좋겠다. 우리에게 아직 시가 있다고. 지켜야 할 마음이 있다고 말하는 것도.

마음과 마음 사이의 공백을 아무렇지 않게 툭 던져 놓는 대신, 그 보이지 않는 감정의 깊이를 인내심을 갖고 추적하는 것, 그리고 난 후 마침내 그저 침묵하며 미소를 보이는 것, 나는 그것이 진정한 위로의 언어라고 믿는다. 그녀가 시를 읽고 시에 대해 쓰는 것이 그녀의 마음이 시키는 일이었겠지만, 시인으로서, 한 명의 독자로서는 그저 이렇게 밖에 말할 수 없다. 다행이다.

이우성

"마음이 시키는 일"

인용 시집

1부 울면서 걷는 마음

나태주 〈사는 일〉 …《이제 너 없이도 너를 좋아할 수 있다》 **푸른길**

나희덕 〈속리산에서〉 …《그곳이 멀지 않다》 **문학동네**

오세영 〈야간 산행〉 …《봄은 전쟁처럼》 **세계사**

이병률 〈생활에게〉 …《찬란》 **문학과지성사**

이장욱 〈동사무소에 가자〉 …《생년월일》 **창비**

백우선 〈삶은 달걀〉 …《길에 핀 꽃》 **다층**

김지녀 〈밥을 주세요〉 …《방금 기이한 새소리를 들었다》 **민음사**

장정일 〈지하인간〉 …《햄버거에 대한 명상》 **민음사**

황지우 〈겨울산〉 …《게 눈 속의 연꽃》 **문학과지성사**

2부 번지는 마음

박시하 〈밤〉 …《우리의 대화는 이런 것입니다》 **문학동네**

나희덕 〈어둠이 아직〉 …《말들이 돌아오는 시간》 **문학과지성사**

장석주 〈초산〉 …《붉디 붉은 호랑이》 **예지**

유병록 〈무릎으로 남은〉 …《목숨이 두근거릴 때마다》 **창비**

김이듬 〈사과 없어요〉 …《히스테리아》 **문학과지성사**

천양희 〈밥〉 …《밥》 **마음의 숲**

손택수 〈탕자의 기도〉 …《떠도는 먼지들이 빛난다》 **창비**

김기택 〈껌〉 …《껌》 **창비**

〈아프리카의 어느 어린이가〉 … 2006년 UN 선정 최고의 시

박연준 〈형용사로 굴러가는 기차〉 …《사랑이 죽었는지 가서 보고 오렴》 **문학동네**

장석남 〈수묵 정원 9 – 번짐〉 …《왼쪽 가슴 아래께에 온 통증》 **창비**

3부 슬픔을 공부하는 마음

한강   〈어두워지기 전에〉 …《서랍에 저녁을 넣어 두었다》 문학과지성사
심보선 〈슬픔이 없는 십오 초〉 …《슬픔이 없는 십오 초》 문학과지성사
이병승 〈길을 잃다〉 …《까닭 없이도 끄덕없이 산다》 실천문학
박준   〈슬픔은 자랑이 될 수 있다〉 …《당신의 이름을 지어다가 며칠은 먹었다》
        문학동네
송경동 〈교조〉 …《나는 한국인이 아니다》 창비
이문재 〈오래된 기도〉 …《지금 여기가 맨 앞》 문학동네
도종환 〈화〉 …《사월바다》 창비
기형도 〈질투는 나의 힘〉 …《입 속의 검은 잎》 문학과지성사
신현림 〈침대를 타고 달렸어〉 …《침대를 타고 달렸어》 민음사
박서원 〈내 자아가 머무는 곳〉 …《모두 깨어 있는 밤》 세계사
진은영 〈어쩌자고〉 …《우리는 매일매일》 문학과지성사

4부 늠름한 마음

홍영철 〈외딴섬〉 …《여기 수선화가 있었어요》 문학과지성사
기형도 〈빈 집〉 …《입 속의 검은 잎》 문학과지성사
마종기 〈전화〉 …《보이는 것을 바라는 것은 희망이 아니므로》 문학과지성사
김소연 〈포개어진 의자〉 …《수학자의 아침》 문학과지성사
안현미 〈독거〉 …《시로 여는 세상》 2016년 봄호
정영   〈권오준씨〉 …《평일의 고해》 창비
최승자 〈너에게〉 …《내 무덤, 푸르고》 문학과지성사
김민정 〈젖이라는 이름의 좆〉 …《그녀가 처음, 느끼기 시작했다》 문학과지성사

이우성 〈이우성〉 …《나는 미남이 사는 나라에서 왔어》 문학과지성사
황인숙 〈나는 고양이로 태어나리라〉 …《새들은 하늘을 자유롭게 풀어놓고》
　　　문학과지성사

5부　사랑에 답하는 마음

이성복 〈남해 금산〉 …《남해 금산》 문학과지성사
안주철 〈다음 생에 할 일들〉 …《다음 생에 할 일들》 창비
이재무 〈국수〉 …《저녁 6시》 창비
황화자 〈오직 한 사람〉 …《할 말은 태산 같으나》 비매품
문정희 〈남편〉 …《양귀비꽃 머리에 꽂고》 민음사
정끝별 〈추억의 다림질〉 …《자작나무 내 인생》 세계사
문정희 〈물을 만드는 여자〉 …《양귀비꽃 머리에 꽂고》 민음사
허은실 〈둥긂은〉 …《나는 잠깐 설웁다》 문학동네
서정주 〈내 늙은 아내〉 …《현대문학》 1998년 1월호
조병화 〈헤어지는 연습을 하며〉 …《조병화 시선》 지만지

6부　고결한 마음

도종환 〈폐허 이후〉 …《부드러운 직선》 창비
최하림 〈버들가지들이 얼어 은빛으로〉 …《풍경 뒤의 풍경》 문학과지성사
이우걸 〈종점〉 …《나를 운반해온 시간의 발자국이여》 천년의 시작
이동순 〈뒷골목 풍경〉 …《마음의 사막》 문학동네
윤동주 〈눈〉 …《하늘과 바람과 별과 시》 소와다리
강달막 할머니 〈내 기분〉 … 전국 성인문해교육 시화전

강춘자 할머니 〈무서운 손자〉 … 전국 성인문해교육 시화전

최정례 〈늙은 여자〉 …《붉은 밭》 창비

이규리 〈웃지 마세요 당신,〉 …《최선은 그런 것이에요》 문학동네

이수익 〈엄마가 들어 있다〉 …《천년의 강》 서정시학

최승자 〈귀여운 아버지〉 …《내 무덤, 푸르고》 문학과지성사

밥 딜런 〈바람 속에 답이 있다〉

지켜야 할 마음이 있습니다
© 김지수 2025

초판 인쇄 2025년 4월 1일
초판 발행 2025년 4월 10일

지은이 김지수
펴낸이 최아영

편집 최아영
표지 디자인 House of Tale
본문 디자인 신용진
마케팅 시를 사랑하는 누군가
인쇄제본 넥스트프린팅

펴낸곳 느린서재
출판등록 2021-000049호
전화 031-431-8390
팩스 031-696-6081
전자우편 calmdown.library@gmail.com
인스타 @calmdown_library
뉴스레터 calmdownlibrary.stibee.com
블로그 blog.naver.com/calmdown_library

ISBN 979-11-93749-13-5 03810

* 이 책은 저작권법에 따라 보호받는 저작물이므로 무단 전재와 복제를
  금지합니다.
* 이 책의 전부 또는 일부 내용을 재사용하려면 사전에 저작권자와 느린서재의
  동의를 받아야 합니다.
* 잘못된 책은 구입하신 곳에서 바꿔드리며, 책값은 뒤표지에 있습니다.
* 느리게 읽고 가만히 채워지는 책을 만듭니다. 느린서재의 스물두 번째 책을
  구매해 주셔서 감사합니다.
* 표지 종이는 삼화제지 레자크 종이를 사용하였습니다. 본문 종이는 마카롱
  80g을 사용하였습니다.
* 이 책에 인용된 시는 해당 출판사와 저작권자에게 동의를 얻어 수록했습니다.
  출간 당시 저작권자 확인이 되지 않아 허가를 받지 못한 작품은 추후 확인이
  되는 대로 해당 저작권자의 동의를 얻도록 하겠습니다.

태어났기에 끈기 있게 웃으면서 무덤까지 걸어갑니다.
철자법을 익히듯 내가 만났던 세상과 '작별하는 절차를, 방법을, 말을' 하나씩 배워가면서 말입니다.
그런데도 여전히 '아름다운 자연, 아름다운 인생, 아름다운 정, 아름다운 말'을 입 속에 넣고 되뇌이자면, 그 아름다움이 너무 아름다워, 쉬 발길이 떨어지지 않습니다.

〈떠나는 연습〉 중에서